Student Activities Manual

to accompany

Motifs

An Introduction to French

DEUXIÈME ÉDITION

Kimberly Jansma

University of California at Los Angeles

Margaret Ann Kassen

The Catholic University of America

Harcourt College Publishers

Fort Worth   Philadelphia   San Diego   New York   Orlando   Austin   San Antonio
Toronto   Montreal   London   Sydney   Tokyo

Address for Domestic Orders
Harcourt College Publishers, 6277 Sea Harbor Drive, Orlando, FL 32887-6777
800-782-4479

Address for International Orders
International Customer Service
Harcourt, Inc., 6277 Sea Harbor Drive, Orlando, FL 32887-6777
407-345-3800
(fax) 407-345-4060
(e-mail) hbintl@harcourt.com

Address for Editorial Correspondence
Harcourt College Publishers, 301 Commerce Street, Suite 3700, Fort Worth, TX 76102

Web Site Address
http://www.harcourtcollege.com

Printed in the United States of America

1 2 3 4 5 6 7 8 9   202   9 8 7 6 5 4 3

Harcourt College Publishers

Student Activities Manual

to accompany

Motifs

An Introduction to French

DEUXIÈME ÉDITION

Table des matières

Activités écrites *(Workbook)*

Activités de compréhension et de prononciation *(Laboratory Manual)*

Guide vidéo
(Video Guide)

Activités écrites
(Workbook)

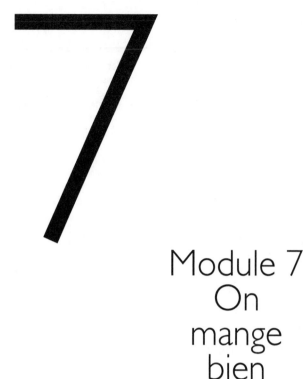

Module 7
On
mange
bien

MANGER POUR VIVRE

Voir Structure 7.1   Les verbes avec changements orthographiques

A. Le guide idéal. *Dans trois jours, Antoine, un guide de tourisme, va accompagner un groupe de Français en Espagne. Avant de partir, il leur écrit un message de courrier électronique. Complétez le message en écrivant les accents appropriés—*
aigus, graves, *ou* **circonflexes.**

Bonjour à tous ! J'espère que tout va bien chez vous et que vous serez bientôt prets à partir à l'aventure ! N'oubliez pas que le premier soir, nous dînerons à l'intérieur de l'Alhambra et qu'il faut un tenue formelle. Je dois aussi savoir ce que vous préférez prendre au banquet. S'il vous plaît, répondez à cet e-mail pour me dire ce que vous aimeriez manger, du poisson, du bœuf ou du poulet. Autrement, je crois que tout est prêt ! Ah oui ! Un dernier conseil… Achetez vos pellicules et vos piles avant de partir. Elles sont plus chères la-bas. Écrivez-moi si vous avez d'autres questions. A bientôt ! Antoine.

B. Des souvenirs de l'Alhambra. *Marie et Henri sont un couple qui fait partie du groupe de touristes. Quand ils arrivent à Grenade, ils voient l'Alhambra, un palais merveilleux. Après la visite, ils vont dans les magasins de souvenirs pour acheter des cadeaux. Complétez leur dialogue en utilisant la forme correcte du verbe entre parenthèses.*

MARIE   Henri, regarde ces beaux souvenirs. J'aime surtout les gravures du palais. _____

(Acheter/nous) quelques-unes pour les petits-enfants !

HENRI   Pour les petits-enfants ? C'est plus approprié pour leurs parents. Les petits _____

(adorer/ils) quelque chose à manger comme cadeau. _____ (Prendre/nous) ces

bonbons espagnols.

MARIE   Je crois que tu as raison. C'est peut-être moi qui _____ (préférer/je) ce dessin du

vieux palais. Et regarde ce livre de Washington Irving qui raconte les légendes associées à l'Alhambra.

HENRI   Je l' _____ (acheter/je) pour toi, d'accord, ma chérie ?

MARIE   Tu m' _____ (acheter/tu) quoi, le dessin ou le bouquin ?

HENRI   Les deux. Tu peux lire ton livre et regarder ton dessin pendant que les petits _____

(manger/ils) les bonbons !

MARIE   Formidable !

Voir Structure 7.2   Le partitif

C. Quel dîner ! *Le groupe français vient de prendre un dîner extraordinaire au palais. Marie est tellement impressionnée par le repas qu'elle doit téléphoner à sa fille pour le lui décrire. Complétez sa description en utilisant l'article partitif qui convient,* **du, de l', de la,** *ou* **des.**

Ah, Camille, tu ne peux pas imaginer le repas qu'on vient de prendre ! Il y avait _____ poulet avec _____

riz espagnol, _____ poisson avec _____ légumes de la région, _____ soupe aux fruits de mer, _____

poulet rôti à la perfection avec _____ poivrons verts et rouges. C'était beau comme tout ! Et tout à fait délicieux.

Ensuite, on pouvait goûter des spécialités espagnoles comme la paella — c'est un plat merveilleux avec _____

framboises, _____ citron et _____ crème ou des gâteaux traditionnels frits avec _____ sucre et _____

beurre. Bien sûr, nous avons pris un bon digestif pour couronner le tout ! C'est la seule chose qui n'était pas

espagnol de tout le repas — _____ bon cognac français !

D. Questions personnelles. *Répondez aux questions suivantes avec des phrases complètes.*

1.   Qu'est-ce que vous mangez d'habitude au dîner ?

    _____

    _____

2.   Qu'aimez-vous commander dans un restaurant italien ?

    _____

3.   Qu'achetez-vous le plus souvent quand vous allez faire les courses au supermarché ?

    _____

E. De nouveaux amis. *Dans un café de Séville, Marie et Henri rencontrent un couple espagnol très gentil qui les invite à la maison pour dîner. Après le repas, la femme espagnole, Pilar, demande à Marie une recette pour sa salade préférée française. Complétez la recette en utilisant les mots donnés.*

une douzaine	une bouteille	un pot
une tranche	une boîte	une livre
une tasse		

Salade de riz au thon

Pour faire une salade de riz au thon pour quatre personnes, il faut d'abord faire cuire ^{1} _____

de riz.

Ensuite, coupez quelques champignons et ^{2} _____ de tomates. Ajoutez-les au riz froid.

Maintenant, ouvrez ^{3} _____ de thon et mélangez dans la salade. Vous pouvez également

ajouter ^{4} _____ de jambon coupée en morceaux.

Pour la sauce, il faut la moitié d' ^{5} _____ de mayonnaise et du jus de pamplemousse.

Servez frais avec ^{6} _____ de vin blanc. Notre recommandation : un Muscadet.

LES PLATS DES PAYS FRANCOPHONES

Voir Structure 7.3   Les expressions de quantité et le pronom **en**

F. Chez les espagnols. *Maintenant, l'homme espagnol, Vicente, demande à son nouvel ami française de lui expliquer comment faire son plat préféré français, la ratatouille. Répondez à ses questions en utilisant **en** pour éviter la répétition.*

Modèle :   VICENTE   Pour quatre personnes, combien est-ce que j'achète de courgettes (*zucchini*) ?
                      HENRI   (cinq) **Tu en achètes cinq.**

1. VICENTE   Faut-il des tomates dans la ratatouille ?

     HENRI   (oui, une livre) _____.

2. VICENTE   Y a-t-il aussi des aubergines (*eggplants*) ?

     HENRI   (oui) _____.

3. VICENTE   On met aussi des carottes ?

     HENRI   (non) Ah, non, _____.

4. VICENTE   Est-ce que je peux garder un peu de ratatouille pour le repas du lendemain ?

     HENRI   (oui) _____

     _____. Elle se conserve très bien au réfrigérateur.

Une demi-heure après…

5. VICENTE   Ça y est ! J'ai fini ! Alors, est-ce que tu veux un peu de cette ratatouille maison ?

     HENRI   (non) Euh… non, merci, _____ !

Voir Structure 7.4   L'impératif

G. Manger à l'espagnole. *Antoine a aussi rencontré de nouvelles amies, deux Américaines. Comme il connaît très bien la culture et la cuisine espagnoles, elles lui demandent des conseils sur les repas. Elles sont un peu préoccupées parce qu'elles ne veulent pas grossir (to gain weight) ou manger beaucoup de viande. Pour chaque préférence de Mary ou de Carrie, utilisez les éléments donnés pour donner un conseil et une raison. Utilisez le **tu** en parlant à Mary ou à Carrie, le **vous** en parlant aux deux. N'oubliez pas de faire l'accord des adjectifs.*

MARY   J'aime beaucoup les sandwichs, mais je ne veux pas manger de viande avant le repas du soir.

ANTOINE Commander / un sandwich végétal _____.

      Ils / être / délicieux / et / nutritif _____.

CARRIE   Il fait chaud et j'ai toujours soif. Quand je monte au palais, je ne vois pas de cafés ou de machines pour prendre quelque chose à boire.

ANTOINE Acheter / une bouteille d'eau / en bas de la colline / et / prendre / la / au palais / dans ton sac à dos.

      _____.

      De toute manière / l'eau / être / très cher / en haut.

      _____.

MARY ET CARRIE Nous ne voulons pas dépenser beaucoup d'argent à manger pendant la journée.

ANTOINE Ne pas manger / au restaurant. Faire / plutôt / un pique-nique / dans le pare du palais !

      _____.

      Acheter / du fromage / du pain / du vin / et / des fruits.

      _____.

      Un pique-nique / être / moins cher / plus amusant.

      _____.

MARY ET CARRIE C'est une idée géniale ! Merci, Antoine, de tous tes conseils.

Voir Structure 7.5   Les pronoms d'objets directs **(le, la, les)**

H. La cuisine américaine. *Maintenant Antoine pose des questions à Mary et Carrie sur les repas américains. Jouez le rôle des Américaines. Répondez à ses questions en utilisant **en** ou un pronom d'objet direct **(le, la, les).***

ANTOINE Manges-tu souvent <u>des hamburgers</u> ?

CARRIE   _____.

ANTOINE Aimez-vous <u>la pizza</u> ? C'est un de mes plats préférés.

CARRIE ET MARY _____.

ANTOINE Y a-t-il vraiment <u>une cuisine américaine</u> ?

MARY   _____.

ANTOINE   Adores-tu <u>les frites de McDo</u> ? Pourquoi ou pourquoi pas ?

CARRIE   _____.

ANTOINE   Est-ce que les Américains mangent tous les jours <u>des pommes de terre</u> comme en Irlande ?

MARY   _____.

ANTOINE   Est-ce vrai que les Américains n'aiment pas <u>le pâté</u> ? Je trouve cette idée incroyable !

CARRIE   _____.

ANTOINE   Est-ce que vous aimez <u>la cuisine française</u> ? Pourquoi oui ou pourquoi non ?

MARY ET CARRIE   _____.

I. Les Français à Barcelone. *Le groupe d'Antoine a passé de très belles vacances en Espagne. C'est leur dernier soir en Espagne. Ironiquement, ils vont manger dans un restaurant français, L'Hippopotame ! Que dit Antoine au garçon français pour leur demander une table, pour commander et pour payer le repas ? Écrivez une phrase en français pour chaque exemple donné.*

1. Ask for a table for two people.

    _____

2. Call the waiter and ask for the menu.

    _____

3. Ask the waiter for a recommendation.

    _____

4. Order **une entrecôte grillée** as a main course and some chocolate ice cream for dessert.

    _____

5. Ask for the check and find out if the tip is included.

    _____

6. Say that you think there is a mistake in the check.

    _____

Synthèse : *De retour en France, Antoine n'a même pas le temps de se détendre avant d'aller au mariage d'un de ses amis. Imaginez que vous l'accompagnez et qu'il vous aide à choisir ce que vous mangerez. Complétez la conversation entre vous et lui en faisant votre votre choix personnel de plats.*

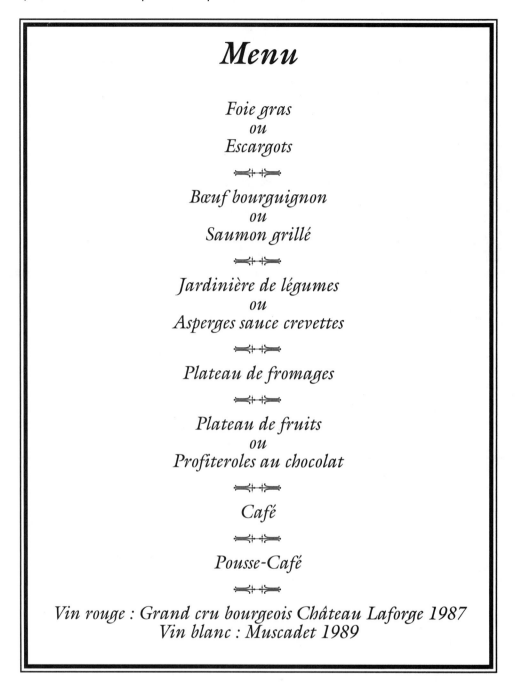

Menu

Foie gras
ou
Escargots

Bœuf bourguignon
ou
Saumon grillé

Jardinière de légumes
ou
Asperges sauce crevettes

Plateau de fromages

Plateau de fruits
ou
Profiteroles au chocolat

Café

Pousse-Café

Vin rouge : Grand cru bourgeois Château Laforge 1987
Vin blanc : Muscadet 1989

VOUS	Antoine, qu'est-ce que le foie gras ?
ANTOINE	Eh bien, c'est une sorte de pâté. Connais-tu le pâté ?
VOUS	_____.
ANTOINE	Si tu ne le connais pas, je te conseille de commander les escargots. Ils sont délicieux et les Américains les aiment, normalement. Que prends-tu donc ?
VOUS	_____.
ANTOINE	Et comme plat principal ? Préfères-tu le bœuf bourguignon ou le saumon grillé ?
VOUS	_____.

ANTOINE   Avec le bœuf, on prend toujours un vin rouge, mais avec du poisson, on prend un blanc, alors tu vas boire…

VOUS   _____.

Pour les salades, je comprends que la *jardinière de légumes* a une grande variété de légumes comme des carottes, du concombre, et cetera, mais je ne comprends pas l'autre choix. Qu'est-ce que «asperges » et «sauce crevettes » ?

ANTOINE   Eh bien, « asperges » se dit "asparagus" en anglais, et « sauce crevettes » est une sauce avec "shrimp."

VOUS   Ah, oui ! Je me souviens maintenant. Dans ce cas, _____

_____.

ANTOINE   Excellent choix. Alors, pour le plateau de fromages, il n'y a pas de choix, mais tu dois prendre une décision à propos du dessert. Tu comprends le « plateau de fruits », n'est-ce pas ? C'est une sélection de fruits. Je parie que tu ne connais pas les profitéroles. C'est une sorte de pâtisserie en boule avec de la crème ou de la glace à l'intérieur et une sauce au chocolat en-dessus. Je les adore. Que préfères-tu comme dessert ?

VOUS   _____.

ANTOINE   Encore une fois, je te félicite sur ton goût excellent. C'est très impressionnant.

VOUS   Eh bien, nous avons tout décidé ! Maintenant on peut expérimenter tout simplement le plaisir du repas !

ANTOINE   Tu as vraiment tout compris, _____ ! Bon appétit !

CULTURE

Les Français à table : Où faire les courses ? *Lisez la Perspectives culturelles « Les Français à table » à la page 201 de votre manuel. Choisissez la bonne réponse aux questions suivantes.*

1. En France, le dîner est traditionnellement un repas

   a. très copieux.
   b. assez léger.
   c. qu'on prend au restaurant.

2. Les repas de fêtes sont

   a. traditionnels.
   b. semblables aux repas quotidiens.
   c. pris au restaurant.

3. On mange la salade

   a. vers la fin du repas.
   b. avec l'entrée.
   c. après le fromage.

4. Les petits commerces sont populaires parce que (qu')

   a. on y trouve une grande quantité de produits.
   b. le service est personnalisé.
   c. les prix sont plus bas que dans les grandes surfaces.

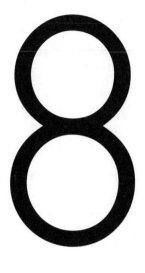

Module 8
Souvenirs

SOUVENIRS D'ENFANCE

Voir Structure 8.1   L'imparfait

A. Michel et Béatrice. *Michel et Béatrice sont un nouveau couple. C'est toujours le début de leur relation et ils ne se connaissent pas encore très bien, alors ils se posent beaucoup de questions et passent des soirées à parler en tête-à-tête. Dans le passage suivant, Michel parle à Béatrice de son enfance. Complétez ses souvenirs en conjuguant les verbes entre parenthèses à l'imparfait.*

Quand j(e) (être) _____ petit, j(e) (habiter) _____ dans une grande maison

à la campagne avec mes parents et mes deux frères Henri et Bernard. Mon père (travailler) _____

comme vétérinaire et ma mère (s'occuper) _____ de nous et de la maison.

Je me souviens que parfois, au printemps, mes frères et moi nous (aller) _____ chasser les

papillons. Mes frères (s'amuser) _____ beaucoup dehors mais moi, je (lire) _____

des tonnes de livres. Ma mère (dire) _____ toujours que je (devoir) _____

moins étudier et plus jouer !

B. Questions personnelles. *Répondez aux questions suivantes avec une phrase complète.*

1. Que faisiez-vous après l'école quand vous étiez petit(e) ?

    _____

2. Où préfériez-vous aller en vacances avec votre famille ?

    _____

3. Qu'est-ce que vous aimiez regarder à la télévision ?

    _____

L'ALBUM DE PHOTOS

Voir Structure 8.2   Les pronoms relatifs **qui, que** et **où**

C. Une photo de l'enfance de Michel. *Michel montre une photo de lui et son père à Béatrice. Complétez son commentaire en utilisant les pronoms relatifs* **qui, que** *ou* **où**.

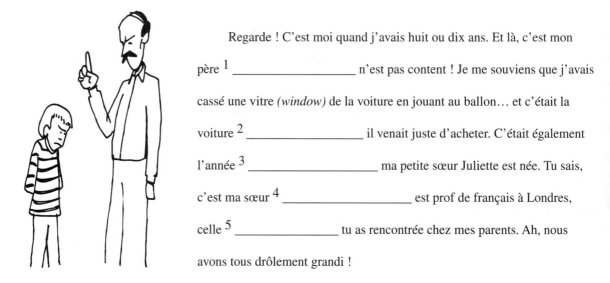

Regarde ! C'est moi quand j'avais huit ou dix ans. Et là, c'est mon père [1] _____ n'est pas content ! Je me souviens que j'avais cassé une vitre *(window)* de la voiture en jouant au ballon… et c'était la voiture [2] _____ il venait juste d'acheter. C'était également l'année [3] _____ ma petite sœur Juliette est née. Tu sais, c'est ma sœur [4] _____ est prof de français à Londres, celle [5] _____ tu as rencontrée chez mes parents. Ah, nous avons tous drôlement grandi !

D. L'album de photos. *Michel amène Béatrice chez lui pour lui montrer son album de photos. Elle s'intéresse surtout aux photos du voyage que sa famille a fait en Italie quand Michel avait sept ans. Jouez le rôle de Michel en imaginant des* **légendes** (captions) *pour les photos. Complétez chaque phrase par* **qui, que,** *ou* **où** *et des détails de votre imagination. Utilisez chaque pronom au moins une fois (at least once) et ne répétez pas de verbe.*

Verbes utiles :

visiter, rencontrer, montrer, inviter, amener, aller, jeter, nager, faire, voir

> **Modèle :**   C'est le restaurant où nous avons mangé de la pizza napolitaine.

1. Ce sont les amis _____.

2. C'est la dame italienne _____.

3. C'est la gondole _____.

4. C'est la cathédrale _____.

5. C'est la fontaine célèbre _____.

Voir Structure 8.3   Les pronoms d'objets directs et indirects

E. Béatrice parle de son enfance. *Maintenant, Béatrice parle à Michel de sa famille et de son enfance. Imaginez ce qu'elle en dit en utilisant un pronom d'obet direct ou indirect.*

MICHEL   Est-ce que ce sont tes grands-parents ici ?

BÉATRICE   Oui. Je [1] _____ aime beaucoup et tu sais, je [2] _____ téléphone toujours au moins une fois par semaine. Quand j'étais enfant, j'allais en vacances chez eux avec Thomas, mon frère. Nous ³ _____ aidions dans le jardin et mon grand-père ⁴ _____

emmenait pêcher. Tiens voilà une autre photo de Thomas et moi.

MICHEL   Et c'est ton père qui ⁵ _____ parle ?

BÉATRICE   Non, c'est mon oncle. Il ⁶ _____ apprenait à faire de la voile sur des petits dériveurs

(sailing dinghy). Nous ⁷ _____ construisions nous-mêmes !

MICHEL   Mais… tu ⁸ _____ as dit que tu détestes aller à la mer !

BÉATRICE   C'est vrai ! J'y suis trop allée dans mon enfance !

COMMENT COMPARER (INTRODUCTION)

Voir Structure 8.4   Le comparatif (introduction)

F. Fanatique de sports. *Michel est fana de sports et il veut savoir si Béatrice les aime aussi. Il lui pose des questions en lui demandant de comparer des événements et activités sportifs. Imaginez comment Béatrice répond en faisant une phrase complète de comparaison qui incorpore l'expression à mon avis pour chaque groupe d'éléments. Utilisez **plus, moins** et **aussi** au moins une fois* (at least once).

> **Modèle :** les Lakers / les Bulls (bon)
> **À mon avis, les Bulls sont meilleurs que les Lakers.**

1. les matchs de foot / les matchs de basket (intéressant)

    _____.

2. l'équipe de foot de Marseille / l'équipe de Paris (bon)

    _____.

3. le golf / le rugby (ennuyeux)

    _____.

4. le babyfoot *(foosball)* / le flipper *(pinball)* (amusant)

    _____.

5. le stade universitaire / la cathédrale qui se trouve près du campus (beau)

    _____.

G. Béatrice parle de ses préférences. *Maintenant, Béatrice demande à Michel de donner ses opinions sur la cuisine et la culture en particulier. Pour chaque exemple de préférence de Béatrice, donnez une opinion opposée en utilisant le comparatif. Suivez le modèle.*

> **Modèle :** BÉATRICE   Brad Pitt est le plus bel acteur de Hollywood.
>   MICHEL   **Mais, non ! Je trouve que Tom Cruise est plus beau que Brad Pitt.**

BÉATRICE	Les films d'action sont les meilleurs !
MICHEL	Mais, non ! _____.
BÉATRICE	Je crois que la cuisine indienne est délicieuse.
MICHEL	Oui, mais _____.
BÉATRICE	La ville de New York est très polluée.
MICHEL	Oui, mais _____.
BÉATRICE	Je trouve que le cours de chimie est passionnant.
MICHEL	Moi, _____.
BÉATRICE	Le jazz est insupportable !
MICHEL	Mais, non ! _____.

SOUVENIRS D'UNE ÉPOQUE

Voir Structure 8.5   Le passé composé et l'imparfait (introduction)

H. Les années 1990–1995 en France. *Michel parle des années 90 à Tom, un ami américain. Complétez le dialogue suivant en mettant les verbes au passé composé ou à l'imparfait.*

TOM   Dis-moi, Michel, qu'est-ce qui se passait en France dans les années 90 ?

MICHEL   Tu sais, c(e) (être) _____ des années assez difficiles, tout d'abord sur le plan

économique et social. Je me souviens qu'il y (avoir) _____ des grèves fréquentes

et des problèmes de violence liés au racisme. En 1994, les étudiants et les lycéens (organiser)

_____ une grève nationale pour protester contre la détérioration du système

d'enseignement public.

TOM   Est-ce que c'est pendant ces années-là que vous (changer) _____ de président

de la République ?

MICHEL   Exactement. Le socialiste François Mitterrand (terminer) _____ les quatorze ans

de son mandat présidentiel en 1995, et il (laisser) _____ la place à Jacques Chirac,

le conservateur.

TOM   Et au niveau de la culture populaire ?

MICHEL   Ah ! Il y (avoir) _____ beaucoup de discussions autour du projet « Euro-Disney »

qui finalement (changer) _____ de nom en 1995 pour s'appeler « Disneyland

Paris ». Et à propos des États-Unis, une de nos stars (devenir) _____ célèbre chez

vous avec le film *Mon père le héros*.

TOM   Je le connais ! C'est Gérard Depardieu ! Et en musique, des nouveautés ?

MICHEL   Oui. Ce que je me rappelle, c'est que le rap (prendre) _____ beaucoup

d'importance, principalement avec un chanteur, M. C. Solaar. Tu aimes le rap ?

TOM   Je l'adore ! Il faudra que tu me prêtes un disque de ce M. C. Solaar.

Synthèse : Souvenirs d'un beau voyage. *Béatrice parle à Michel et Tom du voyage que sa famille a fait en Egypte quand elle était petite. Complétez sa description en utilisant des mots de la liste suivante.*

était	m(e)	qu(e)
visité	plus	qui
que	sommes monté(e)s	moins
plus	où	

Quand j'avais sept ans nous avons fait un beau voyage en Egypte. Nous avons ^{1} _____ des

pyramides. C'^{2} _____ vraiment impressionnant ! Pour y arriver, nous ^{3} _____

sur des chameaux ^{4} _____ nous ont amenés du Nil jusqu'au pied des pyramides. Ma tante a eu

tellement peur ^{5} _____ elle ne voulait plus retourner au bateau ! Elle ^{6} _____

a dit qu'elle préférait dormir dans une pyramide plutôt que de remonter sur une de ces bestioles ! Enfin, moi j'ai

trouvé ^{7} _____ les pyramides étaient ^{8} _____ fascinantes que les monuments de

Paris. Tous les musées ^{9} _____ je suis déjà allée sont ^{10} _____

impressionnants qu'elles !

CULTURE

Relisez « Un survol du 20e siècle » à la page 256 de votre manuel. Les affirmations suivantes, sont-elles vraies ou fausses ?

1. Dans les années 30, il n'y avait pas beaucoup de chômeurs en France.   **vrai**   **faux**

2. Brigitte Bardot est devenue célèbre dans les années 50 parce qu'elle
   chantait dans les caves parisiennes.   **vrai**   **faux**

3. Le général de Gaulle a démissionné de son poste de président de la
   République après la révolution de mai 1968.   **vrai**   **faux**

4. BCBG veut dire « bon chic bon genre ».   **vrai**   **faux**

Module 9
À la découverte
du monde
francophone

LES PAYS FRANCOPHONES

Voir Structure 9.1   Les prépositions et la géographie

A. Un agent de voyages extraordinaire. *Paul est un agent de voyages qui se spécialise en tarifs réduits et en l'aventure ! Aujourd'hui, il téléphone à ses clients pour leur expliquer leurs itinéraires de voyage dans le monde francophone.*

    Modèle :   Vous partez de Bruxelles en Belgique et vous arrivez à Paris en France.

1. (Dakar/Senegal et Nice/France) _____

2. (Berlin/Allemagne et Casablanca/Maroc) _____

3. (Montréal/Canada et Pointe-à-Pître/Guadeloupe) _____

    _____

4. (Genève/Suisse et Cayenne/Guyane) _____

    _____

5. (Port-au-Prince/Haïti et Monte Carlo/Monaco) _____

    _____

B. Un nouvel agent. *Paul vient d'engager un nouvel employé dans son agence. Il lui demande d'etudier la géographie du monde francophone avant de commencer son travail. En jouant le rôle du nouveau, regardez chaque liste d'endroits, identifiez la catégorie, puis chassez l'intrus.*

1. le Niger, Madagascar, la Réunion, la Martinique, la Nouvelle-Calédonie, Saint-Pierre-et-Miquelon

   Catégorie : _____

2. le Mississippi, l'Amazone, les Antilles, le Nil, le Danube, le Saint-Laurent

   Catégorie : _____

3. le Mont Blanc, l'Himalaya, les Andes, les Pyrénées, les Rocheuses, la Tunisie

   Catégorie : _____

4. le Kalahari, le Sahara, la Méditerranée, le Mojave, la vallée de la Mort

   Catégorie : _____

Voir Structure 9.2   Le pronom **y**

C. Où vont les clients de Paul ? *Devinez où ils vont en suivant le modèle. Employez le pronom **y** en répondant aux questions.*

> **Modèle :**   Dans la valise de Jean, il y a des chaussures de ski et plusieurs pull-overs. Va-t-il à Haïti ?
> **—Non, il n'y va pas. Il va en Suisse.**

1. Dans la valise de Lucille, il y a un maillot de bain, un masque de plongée et des lunettes de soleil. Elle va à Québec, n'est-ce pas ?

   _____

2. Dans la valise de François, il y a un appareil-photo, un chapeau et un guide sur les animaux de la forêt équatoriale. Va-t-il à la République démocratique du Congo ?

   _____

3. Dans la valise de Fabrice, il y a un livre sur le bouddhisme et des chaussures de randonnée. Est-ce qu'il va au Népal ?

   _____

4. Dans la valise de Pierre et de Jacques, il y a un guide sur les pays du Maghreb et des lunettes de soleil. Vont-ils au Sénégal ?

   _____

5. Dans la valise de Michèle et Laurence, il y a un guide sur le château de Frontenac et un horaire des bateaux qui naviguent sur le fleuve Saint-Laurent. Elles vont en Belgique, n'est-ce pas ?

   _____

COMMENT COMPARER (SUITE)

Voir Structure 9.3 Le comparatif (suite) et le superlatif

D. Paul fait des recherches. *Pour mieux servir sa clientèle, Paul fait des recherches sur quelques départements et territoires d'outre-mer. En travaillant sur l'Internet, il ramasse de l'information sur ces endroits exotiques. Quelles comparaisons est-ce qu'il fait à partir de ces recherches ? Pour chaque section, suivez le modèle ou les directions données.*

DÉPARTEMENTS D'OUTRE-MER
   D.O.M.
Même statut que les départements de la Métropole.

1. La Martinique
    411 000 habitants
    Superficie : 1 100 km^2
    Analphabétisme : 7 %

2. La Guadeloupe
    421 000 habitants
    Superficie : 1 780 km^2
    Analphabétisme : 10 %

3. La Réunion
    717 000 habitants
    Superficie : 2 500 km^2
    Analphabétisme : 21 %

4. La Guyane
    705 000 habitants
    Superficie : 90 000 km^2
    Analphabétisme : 2 %

5. Saint-Pierre-et-Miquelon
    6 900 habitants
    Superficie : 242 km^2
    Analphabétisme : 1 %

TERRITOIRES D'OUTRE-MER
   T.O.M.
Dirigés par un conseil et une assemblée élus et par un haut commissaire nommé par la France.

6. La Nouvelle-Calédonie
    197 000 habitants
    Superficie : 19 000 km^2
    Analphabétisme : 9 %

7. Wallis-et-Futuna
    15 000 habitants
    Superficie : 274 km^2
    Analphabétisme : 50 %

8. La Polynésie française
    242 000 habitants
    Superficie : 4 200 km^2
    Analphabétisme : 2 %

9. Mayotte
    149 000 habitants
    Superficie : 373 km^2
    Analphabétisme : ~50%

---

a. **Modèle :** D.O.M / + grand / – grand
   La Guyane est le plus grand D.O.M., et Saint-Pierre-et-Miquelon est le moins grand D.O.M.

1. D.O.M. / + peuplé / – peuplé _____

    _____

2. T.O.M. / + petit / – petit _____

    _____

3. D.O.M. / + littré (literate) / – littré _____

    _____

b. Écrivez une phrase complète pour dire quel département ou territoire a...

...(le + d'habitants) _____

...(le + de superficie) _____

... (le – d'analphabétisme) _____

*c. Écrivez trois comparaisons différentes en utilisant les expressions **autant de, moins de** ou **plus de**. Parlez de la population, de la superficie, et de l'analphabétisme.*

> **Modèle :** La Martinique et la Guadeloupe
> **La Martinique a presque autant d'habitants que la Guadeloupe. Elle a moins de superficie et moins d'analphabétisme.**

1. La Réunion et la Guyane

    _____

    _____

2. La Nouvelle-Calédonie et la Polynésie française

    _____

    _____

3. Wallis-et-Futuna et la Guadeloupe

    _____

    _____

LES VACANCES DE VOS RÊVES

Voir Structure 9.4 Les verbes **savoir** et **connaître**

E. Paul invite sa cousine à lui rendre visite. *Paul ne peut pas quitter Nice cet été parce qu'il a trop de travail. Alors, il invite sa cousine et son copain à passer une semaine avec lui.*

Chère Pascale,

J'espère que toi et ton copain allez pouvoir venir cet été ! Je [1] _____ que vous [2] _____ peu le Midi *(south)* de la France et je suis sûr(e) que vous allez aimer cette région ! [3] _____-vous quand vous pouvez venir exactement ? Je veux [4] _____ parce que je dois faire des réservations de chambres d'hôtel. [5] _____-vous la région de Cannes ? Comme tu [6] _____, c'est la ville du fameux festival de films. Je [7] _____ un petit hôtel très sympathique et pas cher du tout. Nous pouvons y rester pendant quelques jours. Et comme je [8] _____ bien l'accent des gens du Midi, nous n'aurons aucun problème !

À très bientôt !

F. Questions personnelles. *Répondez aux quistions suivantes avec des phrases complètes.*

1. Quel(s) sport(s) savez-vous faire et quand le(s) pratiquez-vous ?

   _____

2. Quand vous passez des vacances en famille, où préférez-vous aller ?

   _____

   _____

3. Vous avez l'occasion de visiter un pays francophone. Quel pays choisissez-vous ? Pourquoi ?

   _____

   _____

COMMENT DEMANDER DES RENSEIGNEMENTS À L'AGENCE DE VOYAGES

Voir Structure 9.5 **Il faut, il vaut mieux** + infinitif

G. Qu'est-ce qu'il faut amener ? *Paul a organisé un voyage en Afrique pour un groupe d'étudiants de l'université. Ils lui demandent s'ils peuvent amener certaines choses, et il leur répond. Imaginez ce qu'il dit en écrivant une phrase avec* **il faut, il ne faut pas il vaut mieux** *ou* **il n'est pas nécessaire de** *et en remplaçant les objets soulignés par un pronom d'objet direct* **(le, la, les).**

> **Modèle :** CÉLINE   Je dois apporter <u>la clé de ma valise</u>, n'est-ce pas ?
> PAUL   Oui, il faut l'apporter.

1. CATHERINE   J'aimerais amener <u>mon chat</u>. Est-ce possible ?

   PAUL   Non, _____.

2. JEAN ET MARIE   Nous devons apporter <u>nos passeports</u>, n'est-ce pas ?

   PAUL   Oui, _____.

3. LUDOVIC   Je prends <u>mes deux tentes, mes deux sacs de couchage et une boîte d'allumettes</u> en safari, d'accord ?

   PAUL   Non, _____.

4. ANNE   Est-ce qu'il faut amener <u>l'itinéraire</u> avec l'adresse de l'hôtel ?

   PAUL   Oui, _____.

5. CORINNE   Je voyage avec beaucoup d'équipage. Puis-je apporter <u>mes trois grandes valises</u> ?

   PAUL   Non, _____.

6. MANU   J'aimerais louer une voiture en Afrique. Est-ce qu'il vaut mieux <u>apporter mon permis de conduire</u> et <u>ma carte de crédit</u> ?

   PAUL   Oui, _____.

Synthèse : Première partie. *Imaginez que vous visitez l'agence de Paul pour demander des conseils. Complétez votre conversation en utilisant des mots de la liste suivante.*

connais	la	sais
climat	tropical	plus
y	connaissez	que
savez	très chaud	

PAUL   Bonjour, Monsieur ! Puis-je vous aider ?

VOUS   Oui, merci. ^{1} _____-vous un endroit où je pourrais faire de la plongée sous-marine ?

PAUL   Quel type de ^{2} _____ préférez-vous ? Plutôt sec ou plutôt humide ?

VOUS   Oh ! ^{3} _____ et humide ! Un climat ^{4} _____. Je ^{5} _____ aussi faire de la planche à voile et j'adore faire des photos !

PAUL   Oh ! Alors partez à la Martinique !

VOUS   Ah non ! Je ^{6} _____ déjà toutes les plages de cette île ! J(e) ^{7} _____ vais tous les ans depuis cinq ans.

PAUL   Bien, je vois. Laissez-moi réfléchir… ^{8} _____-vous jouer au tennis ou au golf ?

VOUS   Au golf. C'est un sport ^{9} _____ tranquille ^{10} _____ le tennis !

PAUL   Je vous téléphone dès que je trouve la destination parfaite pour vous !

VOUS   Merci beaucoup et surtout… trouvez- ^{11} _____ vite !

Deuxième partie. *Vous revenez de vos vacances et vous téléphonez à Paul pour lui parler de cette expérience. Utilisez* **d'abord, puis** *et* **ensuite.**

    la Côte d'Ivoire (Hôtel Ivoire et Ivoire Golf Club)
    La Martinique (Club Méditerranée de la plage des Cocotiers, tennis)
    Québec (Hôtel dans la vieille ville et promenade en bateau sur le Saint-Laurent)
    La Réunion (Club Méditerranée, golf, planche à voile et stage de plongée sous-marine)
    la République démocratique du Congo (safari photo au parc d'Upemba)

Bonjour, Paul. Je suis de retour de _____. _____ et moi y avons passé

_____ semaines très agréables. D'abord, nous avons/sommes….

CULTURE

Lisez la Perspectives culturelle « Le monde francophone » à la page 281 de votre manuel et complétez les affirmations suivantes.

1.   _____ et _____ font partie du Maghreb.

2.   À _____, on parle français et créole.

3.   _____ et _____ sont des Départements d'Outre-Mer (D.O.M.).

4.   En Amérique du Sud, on parle français en _____.

5. Dans les villes africaines, les femmes travaillent souvent aux _____.

6. En zones rurales, elles labourent plutôt aux _____.

7. Pour la femme professionnelle, les _____ sont aussi importants que le travail.

Regardez la page 285 de votre livre et dites si les déclarations suivantes sont vraies ou fausses.

1. La République démocratique du Congo est un pays au climat océanique.   **vrai**   **faux**

2. Dans les pays au climat continental, il fait très froid en hiver.   **vrai**   **faux**

3. Il y a seulement une zone climatique dans le monde francophone.   **vrai**   **faux**

4. Le contraste entre la saison sèche et la saison humide est caractéristique du climat désertique.   **vrai**   **faux**

Module 10
La maison
et la
routine
quotidienne

LA VIE DE TOUS LES JOURS

Voir Structure 10.1   Les verbes pronominaux (introduction)

A. La routine scolaire. *Robert et Will sont deux étudiants canadiens qui se connaissent depuis longtemps. Ils sont de très bons amis, mais ils sont aussi très différents. Robert est très travailleur et sérieux, alors que Will est plus sociable et moins discipliné. Complétez leur conversation sur la routine quotidienne à l'université en écrivent les verbes au présent.*

ROBERT   Qu'est-ce qui t'arrive, Paul ? Tu as l'air fatigué.

WILL   J'en ai marre *(I'm sick)* de ma routine quotidienne. Tous les jours, je _____

(se réveiller), je _____ (s'habiller) et je _____

(se préparer) pour mes cours. Après les cours, je travaille les cours ! J'ai vraiment besoin de changer

les idées, mais je dois _____ (se concentrer) sur ma thèse.

ROBERT   Dis, pourquoi est-ce que tu ne m'accompagnes à Toulouse le semestre prochain ? Je vais faire un programme d'échanges.

WILL   Je veux bien, mais je dois rester ici là pour finir ma thèse.

ROBERT   Pourquoi ? Tu peux _____ (se servir) de courrier électronique, d'un ordinateur, de l'Internet à Toulouse.

WILL	Ah bon ?

ROBERT — Oui, bien sûr. Voici le scénario : nous _____ (se lever) tard, nous allons

en classe et nous travaillons. Le soir, on sort aux bars et on _____

(s'amuser). On _____ (se coucher) vers deux ou trois heures du matin

et on recommence le lendemain.

WILL — J'aime bien cette routine !

ROBERT — Accompagne-moi, donc !

WILL — Je dois réfléchir, mais je te promets de considérer l'idée sérieusement.

B. La fac de Toulouse. *Will essaie toujours de convaincre Robert de l'accompagner en France. Il lui montre une brochure sur la fac de Toulouse dans laquelle on trouve des opinions sur le programme. Complétez les commentaires sur le programme en écrivant les verbes au passé composé.*

BIENVENUE À TOULOUSE, LA VILLE ROSE !
DES ÉTUDIANTS DE L'ÉTÉ DERNIER PARLENT DE LEURS EXPÉRIENCES

Béatrice, 22 ans, étudiante en philosophie :

« Une expérience formidable ! Je (se servir) _____ des ordinateurs de la

bibliothèque pour finir ma thèse ! »

François, 21 ans, étudiant en chimie :

« J'ai trouvé l'ambiance très sympa ! Mes amis et moi avons beaucoup travaillé mais aussi, nous (s'amuser)

_____ ! »

Amanda et Julie, 21 et 23 ans, étudiantes en physique :

« Nous avons trouvé le parc du campus superbe ! Nous (se promener) _____

tous les jours pour nous détendre ! »

Pierre, 22 ans, étudiant en littérature :

« J'ai tellement aimé les cours que je les ai conseillés à mon frère Paul, qui étudie aussi la littérature. Il (se

dépêcher) _____ de s'inscrire pour cet été. Faites comme lui ! »

Alors vous aussi, venez étudier cet été à l'université de Toulouse !

LA MAISON, LES PIÈCES ET LES MEUBLES

Voir Structure 10.2   Les verbes comme **mettre**

C. Où vivre à Toulouse ? *Will a une amie française qui veut louer son appartement à Toulouse. Elle lui a donné un plan de l'appart. Indiquez les noms des pièces qui ont été effacées (erased).*

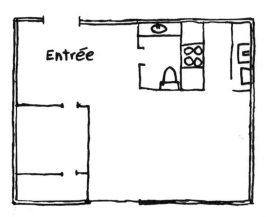

LES TÂCHES DOMESTIQUES

Voir Structure 9.3   Le discours indirect avec **dire** et **demander**

Voir Structure 10.4 L'imperatif (suite)

Modèle :   LE PROF   « Prenez beaucoup de notes en classe et révisez-les pour l'examen. »
            WILL   **Le professeur nous a dit de prendre beaucoup de notes en classe et de les réviser pour l'examen.**

1. LE PROF   « Lisez le premier texte pour la prochaine fois. »

   WILL   _____

2. LE PROF   « Faites attention aux personnages et aux symboles. »

   WILL   _____

3. LE PROF   « N'oubliez pas de préparer des questions sur le roman. »

   WILL   _____

4. LE PROF   « Ne vous endormez pas en classe. »

   WILL   _____

E. Un nouvelle petite amie. *Will commence à sortir avec Estelle. Elle s'impatiente un peu de ses mauvaises habitudes. Qu'est-ce qu'elle lui dit ? Rappelez qu'elle ne veut pas avoir l'air (seem) trop exigeante, donc elle adoucit (softens) parfois ses ordres.*

Modèle :   Il ne range pas son appartement.
           Range ton appartement un peu. C'est dégoûtant (disgusting) **! OU**
           Will, veux-tu ranger ton appart ? C'est dégoûtant !

1.   Il se lève assez tard le matin.

2. La cuisine chez Will et Robert est toujours en désordre.

_____

3. La barbe _(beard)_ qu'il commence à pousser la gratte _(scratches)_.

_____

4. Quand elle reste chez lui il s'endort parfois devant la télé.

_____

5. Elle aimerait sortir plus souvent le week-end. _(Hint: Utilisez la forme **nous** de l'impératif)_

_____

F. Questions personnelles. _Répondez aux questions suivantes avec des phrases complètes._

1. Quel est le moment de la semaine pendant lequel vous vous amusez beaucoup ? Pourquoi ?

_____

_____

2. Qu'est-ce qui vous met en colère ?

_____

_____

3. Qui s'occupe de la maison chez vous ? Qu'est-ce qu'il ou elle fait ?

_____

_____

COMMENT TROUVER LE MOT JUSTE

G. Des leçons particulières _(private lessons). D'Estelle, Will et Robert apprennent ce qu'on dit dans quelques situations spécifiques de la vie personnelle et quotidienne. Lisez la description de chaque situation et proposez une expression qui y correspond._

1. Si votre ami est très fatigué après une semaine difficile, vous dites : _____ !

2. Quand quelqu'un a un rhume _(cold)_, on dit : _____ !

3. Si un ami fête son anniversaire, vous dites : _____ !

4. Quand quelqu'un va sortir en boîte, on dit : _____ !

5. Si vos amis vont passer un examen, vous dites : _____ !

6. Si votre petit frère va dormir, vous dites : _____ !

7. Quand quelqu'un commence un repas, on dit : _____ !

8. Si votre amie réussit un examen, vous dites : _____ !

COMMENT SE PLAINDRE

Voir Structure 10.5   Les expressions négatives

H. Un conflit inévitable. *Will et Robert ne peuvent plus éviter de se disputer au sujet des tâches domestiques. Complétez leur argument en utilisant des expressions négatives de la liste.*

ne… que   rien ne

ne… jamais   ne… plus

ne… ni… ni

ROBERT   Écoute, j'en ai marre (*I'm fed up*) ! C'est toujours moi qui passe l'aspirateur !

WILL   Et alors ? Tu _____ fais _____ la cuisine ! Et maintenant, tu _____ fais même _____

les courses !

ROBERT   Ah oui ? Et qui est-ce qui fait la vaisselle tous les jours, hein ? Qui ?

WILL   Oh ! Ça va ! Tu _____ fais _____ ça, alors s'il te plaît, ne te vante pas trop (*don't brag too much*) !

ROBERT   _____ _____ va dans cette maison ! J'en ai assez ! Je _____ ai _____ la patience

_____ le courage de supporter ça !

WILL   Alors passe l'aspirateur, ça va te relaxer et on parlera après !

Synthèse : *Le père d'un des nouveaux amis français de Robert lui a offert un travail permanent avec un salaire excellent ! Robert n'a pas pu rejeter son offre, et maintenant il cherche une maison. Il va dans une agence immobilière, où il complète une fiche de renseignements sur le type de maison qu'il préfère. Complétez le dialogue entre lui et l'agent en utilisant des mots et des expressions logiques.*

NOM :   BOULANGER

PRÉNOMS :   Robert

ENFANTS :

ANIMAUX DOMESTIQUES :

CHAMBRES :   3

SALLES DE BAINS :   1

GARAGE :   X   JARDIN :   X   SOUS-SOL AMÉNAGÉ :

CUISINE ÉQUIPÉE :   X   CHEMINÉE :

AUTRE :   beaucoup de placards, une entrée séparée, un bureau

PRIX RECHERCHÉ : entre 1 million et 1 million 3

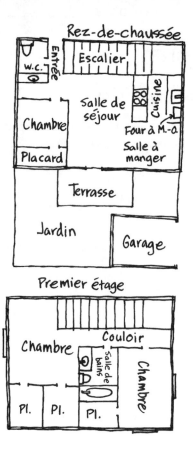

Rez-de-chaussée

Premier étage

L'AGENT   Eh bien, voici une belle maison. Que pensez-vous de la salle de séjour ?

ROBERT   Euh, _____.

L'AGENT   C'est vrai, mais il y a une terrasse splendide ! Et que pensez-vous des chambres ?

ROBERT   Elles sont _____ mais _____

_____.

L'AGENT   Mais comme vous voyez, il y a deux salles de bains !

ROBERT   Ah ça, c'est formidable parce que _____. Et j'aime aussi

_____.

L'AGENT   Que pensez-vous de la cuisine ?

ROBERT   J'aime bien le garage, moi. Mais je travaille souvent à la maison.

Où est-ce que je vais mettre mon ordinateur ? _____.

L'AGENT   Vous pourriez travailler dans votre chambre.

ROBERT   C'est possible. Et il y a un beau jardin. _____ ?

L'AGENT   C'est un bon prix, un million deux.

ROBERT   _____

L'AGENT   Eh bien, réfléchissez un peu et faites-moi savoir si vous voulez la visiter.

CULTURE

Relisez « Habitations françaises » à la page 331 de votre manuel et choisissez la bonne réponse.

1. Une raison principale pour habiter la proche banlieue au lieu d'habiter Paris c'est qu(e)

   a. les loyers sont moins chers.
   b. il est moins dangereux.
   c. il y a plus d'animation.

2. Dans les « villes nouvelles » on trouve souvent beaucoup de

   a. petites boutiques intéressantes.
   b. théâtres et de musées.
   c. pavillons « tout confort ».

3. Un « mas » est une

   a. forme de transport.
   b. une maison typique provençale.
   c. une habitation modeste dans la banlieue parisienne.

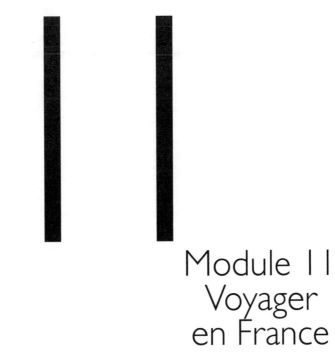

Module 11
Voyager en France

PARIS, J'AIME !

Voir Structure 11.1   Le futur

A. Quel cadeau ! *Claire vient de passer son diplôme d'études françaises. Comme cadeau, ses parents lui ont offert un voyage en France pour deux personnes. Claire veut inviter sa copine Linda à l'accompagner. Complétez le message suivant de Claire en mettant les verbes entre parenthèses au futur.*

Chère Linda,

Devine ! Mes parents viennent de m'offrir un voyage en France pour deux personnes et j'ai aussitôt pensé à

toi ! J'espère que tu es prête à prendre l'avion dans trois semaines !

Imagine un peu… À Paris nous (se promener) _____ sur les Champs-Élysées ! Ensuite,

avant de visiter le Louvre, nous (aller) _____ prendre un chocolat chez Angelina. Après avoir

regardé la *Joconde,* on (visiter) _____ le musée Picasso dans le Marais.

J'ai déjà téléphoné à mon amie Catherine qui habite à Paris et elle nous (préparer) _____

un dîner formidable comme elle seule sait le faire ! Après, ce (être) _____ le moment parfait

pour aller au cinéma. Il y (avoir) _____ sûrement des films super que nous n'avons pas vus !

Ensuite, nous _____ (partir) en province.

Alors ? Qu'est-ce que tu en dis ? Accepte… je ne (pouvoir) _____ pas partir sans toi !

Grosses bises et appelle-moi vite !

B. Ça y est ! On part ! *Linda a accepté l'invitation de Claire, et elles partiront dans trois semaines. Comme elles on fait un stage d'études en France ensemble il y a deux ans, elles savent qu'il y a toujours des problèmes imprévisibles quand on voyage. Alors, elles essaient de prévoir tous les problèmes possibles en parlant du temps, du transport et des sites touristiques de Paris.*

Modèle : Si nous perdons nos chèques de voyage, **nous utiliserons notre carte de crédit.**
Si les restaurants sont trop chers, nous mangerons dans les cafés.

CLAIRE   Si le musée du Louvre est fermé pour travaux, _____

_____.

LINDA   _____, nous demanderons des renseignements
au guichet d'information.

CLAIRE   Si les transports en commun sont en grève, _____

_____.

LINDA   _____, nous irons nous promener au jardin
du Luxembourg.

CLAIRE   Si j'ai assez d'argent, _____

_____.

LINDA   Si nous ratons l'avion pour revenir aux États-Unis, _____

_____.

C. En route pour Paris. *Imaginez que vous êtes Claire et que vous êtes maintenant dans l'avion en direction de la capitale française. Vous discutez ce que vous ferez à Paris avec Linda. Complétez la conversation en mettant les verbes entre parenthèses au présent ou au futur.*

CLAIRE   Quand nous (arriver) _____ à Paris, j(e) (acheter) _____ tout

de suite un croissant et un pain au chocolat !

LINDA   Oh là là ! Tu ne penses qu'à manger ! Moi, je (lire) _____ *L'Officiel des*

Spectacles pour savoir quel film nous (aller) _____ voir si jamais il (pleuvoir)

_____ !

CLAIRE   Bonne idée. Et si tu (ne pas trouver) _____ de bon film, nous (pouvoir)

_____ toujours aller visiter un de ces formidables musées parisiens !

LINDA   Oui, mais je te préviens… pas plus d'un musée par jour ! De toute façon, quand tu (voir)

_____ combien l'architecture à Paris est belle, tu (ne pas avoir) _____

envie d'aller t'enfermer dans un musée !

CLAIRE   Nous (voir) _____ quand nous (être) _____ là-bas !

VOYAGER PAS CHER

Voir Structure 11.2   **Avoir besoin de** et les mots interrogatifs (suite)

D. Pendant le vol… *Durant son séjour en France, Linda a travaillé dans l'office de tourisme de la ville de Dijon. Pendant le vol à Paris, un groupe d'étudiantes québécois découvre qu'elle en sait beaucoup de voyages et de la région bourguignonne, où ils vont. Ils lui posent beaucoup de questions sur la Bourgogne et sur la France. Complétez leurs questions par la structure interrogative appropriée.*

Quelques réponses aux questions les plus fréquentes

JACQUES   _____ est-ce que j'aurai besoin pour réserver une chambre dans une auberge de jeunesse française ?

LINDA   Vous aurez besoin d'une carte de la Fédération unie des auberges de jeunesse.

MARIE   _____ est-ce que je devrai m'adresser si ma valise est volée en France ?

LINDA   Vous devrez vous adresser au commissariat de police le plus proche et remplir une déclaration de vol.

JEAN-LUC   _____ est-ce que je devrai me renseigner pour avoir des renseignements sur la Bourgogne ?

LINDA   Vous devrez vous renseigner auprès des employés de l'office de tourisme de la ville de Dijon, qui se trouve à côté de la gare.

JACQUES   _____ pourra-t-on payer dans les restaurants bourguignons ?

LINDA   En général, vous pourrez payer avec du liquide, des chèques de voyage ou des cartes de crédit.

MARIE   _____ est-ce que j'aurai besoin pour visiter la Côte d'Or en vélo ?

LINDA   Vous aurez besoin d'une pièce d'identité et d'une carte de crédit.

JEAN-LUC   _____ est-ce que je devrai déclarer la perte de mes papiers d'identité ?

LINDA   Vous devrez la déclarer à l'ambassade ou au consulat de votre pays.

Voir Structure 11.3   L'accord du participe passé avec l'auxiliaire **avoir**

E. *Linda et Claire ont des amis qui habitent à Marseille. Linda vient de recevoir une carte postale d'un de ces amis, Jean-Louis. Elle lit la carte postale, dans laquelle Jean-Louis parle d'une aventure récente, à Claire. Complétez la carte postale suivante en faisant l'accord du participe passé si c'est nécessaire.*

Chère Linda,

Je viens de descendre la rivière qui coule au fond de splendides gorges entre Nîmes et Avignon. Je l'ai

descendu_____ en canoë-kayak et, crois-moi, c'est une expérience très physique ! J'étais avec un groupe de gens

formidables et je les ai trouvé_____ tous très sympathiques, excepté peut-être un étudiant en médecine qui n'a pas arrêté_____ de se plaindre ! Remarque, parfois il avait raison car je n'ai pas eu_____ mal au dos comme ça depuis

bien longtemps. C'est une promenade très agréable mais nous l'avons fait_____ très vite et nous avons dû_____

beaucoup ramer (*row*). Enfin, nous sommes arrivé_____ à notre but, le pont du Gard, et c'était magnifique !

Si tu as l'occasion quand tu viendras en France, n'hésite pas, fais-le !

COMMENT RÉSERVER UNE CHAMBRE D'HÔTEL

F. Une excursion imprévue ! *L'aventure de Jean-Louis a inspiré les deux copines. Elles ont décidé de passer trois jours dans le sud de la France. Elles désirent rester à la plage. En utilisant son ordinateur portable, Claire écrit un message électronique à un hôtel qui se trouve à Palavas-les-Flots pour réserver une chambre. Lisez l'information suivante sur l'hôtel et terminez le message de Claire en faisant un réservation.*

> Hôtel de France
> 6, boulevard des Pins
> Palavas-les-Flots
>
> Chambre double : 356 F (salle de bains à l'étage)
>
> Chambre double avec vue sur mer : 410 F, avec salle de bains : 440 F
>
> Chambre simple : 260 F, avec salle de bains: 290 F
>
> Chambre simple avec vue sur mer : 310 F (chambre avec W.C., mais salle de bains à l'étage)
>
> Petit déjeuner non compris, dans le restaurant : 45 F (servi de 6 h 30 à 9 h 30)
>   dans la chambre : 65 F (servi de 6 h 30 à 11 h 30)

Monsieur,

Je vous écris pour réserver

_____

_____

_____

_____

Merci de votre attention.

En attendant votre réponse, recevez, Monsieur, mes sentiments les meilleurs.

COMMENT SE REPÉRER EN VILLE

G. À Paris ! *Une fois à Paris, Linda et Claire se promènent sans arrêt ! Les touristes pensent qu'elles sont françaises, alors ils leur demandent des renseignements. Maintenant, un Allemand leur demande comment aller du parc des Batignolles au parc Monceau. Complétez leur explication en employant les mots de la liste.*

tournes	droit	traverses
à	dans	sur
jusqu'à	continues	

« D'abord, quand tu sors du parc Monceau, tu tournes ^{1} _____ droite ^{2} _____ la rue Legendre. Ensuite, tu vas ^{3} _____ la rue de Rome. Arrivé là, tu ^{4} _____ à gauche. Tu continues tout ^{5} _____ jusqu'au boulevard des Batignolles. Tu ^{6} _____ le boulevard et tu tournes à droite. Ensuite, tu ^{7} _____ jusqu'au parc Monceau qui se trouvera ^{8} _____ ta gauche. »

L'IDENTITÉ FRANÇAISE

Voir Structure 11.4   Les verbes **croire** et **voir**

H. Les stéréotypes culturels. *Complétez la conversation suivante entre Linda et sa copine française, Catherine, en conjuguant les verbes* **croire** *et* **voir** *au présent.*

LINDA   Dis-moi, Catherine, est-ce que tu (croire) _____ que la culture française est très influencée par les États-Unis ?

CATHERINE   Sous certains angles, je (croire) _____ que oui. Tu (voir)

_____, beaucoup de Français (croire) _____ souvent que

tout ce qui vient des États-Unis est meilleur.

LINDA   Oh ! Ne (croire) _____ pas que ce genre de comportement est exclusivement

français. Aux États-Unis, beaucoup de gens (voir) _____ la France comme

le paradis de l'élégance et de la gastronomie ! Et nous (voir) _____ bien que

ce n'est pas forcément vrai. Les stéréotypes, ça ne marche pas toujours !

CATHERINE   Oh ! Ça, je suis bien d'accord. Mais hélas, nous (croire) _____ plus facilement aux affirmations simples qu'à celles qui reflètent à la complexité de la réalité !

I. Synthèse et culture : Être guide à Paris. *Des amis de Claire arrivent à Paris en train et elle veut passer un bel après-midi ave eux. Pour ne pas perdre de temps, elle a consulté un plan de la ville. Elle sait déjà où elle ira, ce qu'elle y fera et la route exacte qu'elle suivra. Elle explique son itinéraire à Linda. Donnez un minimum de quatre destinations.*

Modèle :   Eh bien, je les rencontrerai à la Gare St-Lazare. D'abord nous irons aux Galeries Lafayette pour voir un vrai grand magasin français. Alors, devant la Gare nous tournerons à gauche dans la Rue St-Lazare et les Galeries Lafayette seront sur notre droite. Ensuite, …

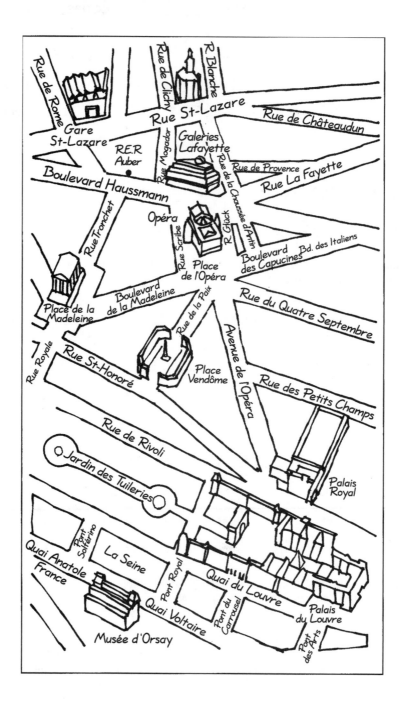

CULTURE

Relisez « Paris » à la page 361 de votre manuel et « La culture française face à l'Amérique » à la page 380. Les affirmations suivantes sont-elles vraies ou fausses ?

1. Paris a moins de prestige que les autres capitales européennes.   **vrai**   **faux**

2. Le fameux tableau *La Joconde* se trouve au centre culturel Pompidou.   **vrai**   **faux**

3. On trouve des MacDo même sur les Champs-Élysées !   **vrai**   **faux**

4. On appelle « franglais » les Français nés aux États-Unis.   **vrai**   **faux**

5. Certains Français ont peur d'une invasion de la culture américaine en France.   **vrai**   **faux**

Module 12
Dépenses,
argent, travail

LES MAGASINS ET L'ARGENT

A. Chassez l'intrus. *Encerclez l'objet inapproprié dans chaque liste.*

1. un lecteur de CD, une photo, un baladeur, un magnétoscope, une radio

2. une carte postale, un bloc-notes, des piles, un cahier, une lettre

3. une pellicule, un caméscope, un timbre, un appareil-photo, un magnétoscope

4. des gants de ski, une tente parapluie, des chaussettes en coton, des bottes, un sac à dos

B. *Mariam et Julie, deux Françaises, viennent de terminer leurs études en affaires. Elles projettent d'ouvrir une boutique de prêt-à-porter à Paris. Pour célébrer la fin de leurs études et pour chercher des vêtements à acheter pour l'entreprise, elles font un voyage à New York. Elles y font tout de suite la connaissance de deux Américains qui parlent français et qui veulent bien les aider à comprendre les magasins newyorkais. Jouez le rôle des Américains, John et Tom, en suivant le modèle. Utilisez votre imagination en écrivant leurs réponses.*

> **Modèle :** MARIAM Qu'est-ce qu'un « candy store » ?
> TOM **Oh, laisse-moi t'expliquer, Mariam ! On y achète des bonbons ou du chocolat, par exemple. Ah oui, en français ce type de magasin s'appelle une confiserie.**

1. JULIE Dis, John, qu'est-ce que c'est qu'un « music store » ?

   TOM _____

   _____

2. JULIE Et « pharmacy » est comme « pharmacie » en français, n'est-ce pas, John ?

   JOHN _____

   _____

3. MARIAM   Et « bookstore », Tom ?

TOM   _____

_____

4.   JULIE   John, peux-tu m'expliquer le sens de « electronics store » ?

JOHN   _____

_____

5. MARIAM   Tom, pourrais-tu me dire ce que c'est qu'un « dry cleaners » ?

TOM   _____

_____

Voir Structure 12.1   Les verbes comme **payer**

C. *Julie et Mariam se rappellent que leur ami canadien, Trevor, aura 21 ans la semaine prochaine. Elles veulent lui acheter un cadeau et le lui envoyer à Montréal. Aidez-les à résoudre le problème du cadeau en complétant le dialogue par la forme correcte du verbe entre parenthèses.*

JULIE   Tu sais, Trevor va avoir 21 ans la semaine prochaine. (Essayer) _____ de lui acheter un beau cadeau américain.

MARIAM   C'est une super bonne idée. Euh… Et bien, (envoyer) _____-lui des lunettes de sloeil Ray-Ban.

JULIE   Génial. Tu crois qu'ils (envoyer) _____ ce genre de choses de Saks Fifth Avenue ?

MARIAM   Bien sûr. Et je crois qu'on (payer) _____ par téléphone avec une carte de crédit.

JULIE   Tu sais, ça m(e) (ennuyer) _____ un peu de donner un numéro de carte de crédit par téléphone.

MARIAM   Mais tu (employer) _____ ta carte bleue quand tu réserves une

chambre d'hôtel par téléphone. Si nous (payer) _____ par carte ce

sera plus rapide et le cadeau arrivera à Montréal à temps.

JULIE   Ok ! (Payer) _____ par carte !

LES NOUVEAUX ÉLITES DE L'EMPLOI

D. Questions personnelles.

1. Imaginez que vous êtes licencié(e) de votre travail de programmeur chez IBM à cause d'une réduction du personnel. Que faites-vous pour résoudre le problème immédiat de payer le loyer et les factures ? Commencez-vous un travail intérimaire ? Pourquoi ou pourquoi pas ?

_____

_____

_____

2. Êtes-vous assez discipliné(e) pour faire du télé-travail depuis la maison ? Pourquoi ou pourquoi pas ?

_____

_____

_____

3. Imaginez que vous avez envie de passer l'été à travailler en France. Quelle sorte d'emploi pouvez-vous faire ? Quelles expériences ou caractéristiques personnelles vous qualifient pour ce travail ?

_____

_____

_____

4. Quels sont vos projets professionels pour le futur ?

_____

_____

_____

LA MODE

Voir Structure 12.2 **Lequel** et les adjectifs démonstratifs **ce, cette, ces**

E. *Juile et Mariam ont trouvé une boutique avec des vêtements très à la mode. Elles en sont râvies, mais ce n'est pas exactement la tenue professionnelle qu'elles comptaient vendre dans leur boutique. Elles aiment tellement ces articles qu'elles pensent changer le concept de leur business. Complétez leur dialogue en suivant le modèle.*

> **Modèle :** MARIAM   Regarde **cette** chemise en coton indien !
>   JULIE   **Laquelle ?** Dis donc, quel style baba cool !

MARIAM   Et là, _____ chaussures à talons compensés (*platform*) !

JULIE   _____ ? Mais nos clients ne peuvent pas les porter à leurs emplois professionels ! Viens, Mariam, ce n'est pas du tout ce qu'on cherchait.

MARIAM   Attends, Julie. C'est vrai, mais certaines entreprises permettent maintenant une tenue informelle, et il y a aussi beaucoup de gens qui travaillent à la maison. On peut acheter quelques articles moins habillés comme _____ jupe-là à pois bleu marine.

JULIE   _____ ? Ah, je la vois. C'est vrai qu'elle est superbe. Tu crois vraiment que certaines femmes professionelles peuvent porter une jupe comme _____-là pour travailler ?

MARIAM   Je ne sais pas, mais regarde _____ pantalons-là à pattes d'éléphant.

JULIE   _____ ?

MARIAM   Les pantalons noirs dans la vitrine.

JULIE   Ah, oui. Je crois que tu as raison. On peut très bien porter _____ style de pantalon au travail, peut-être pas le jour d'un meeting important, mais certainement pour une journée informelle de travail.

COMMENT FAIRE LES ACHATS

F. *Julie veut s'acheter un des blousons en cuir extraordinaires qu'elle a trouvés dans cette boutique. Elle a envie d'en acheter un depuis l'âge de 13 ans ! Imaginez que vous êtes la vendeuse et que vous essayez de l'aider en parlant français. Complétez le dialogue en utilisant le vocabulaire et les expressions que vous avez appris dans cette module.*

VENDEUSE   Bonjour. ^{1} _____ vous aider?

JULIE   Oui. Je ^{2} _____ un blouson en cuir.

VENDEUSE   Quelle ^{3} _____ faites-vous ?

JULIE ^{4} _____, mais j'aimerais qu'il soit bien large, c'est plus

^{5} _____.

VENDEUSE   J'ai ce qu'il vous faut ! Décontracté et ^{6} _____, regardez ce modèle !

La ^{7} _____ est superbe !

JULIE   Hum… Oui, vraiment, il est très joli. Je peux l(e) ^{8} _____ ?

VENDEUSE   Mais bien sûr ! Voilà la ^{9} _____.

JULIE   Attendez… Il ^{10} _____ 359 dollars ? !

VENDEUSE   Non ! Non ! Non ! Il est aujourd'hui en ^{11} _____ pour 280 dollars.

C'est une très bonne ^{12} _____ !

JULIE   Sans aucun doute, mais de toute façon c'est beaucoup trop ^{13} _____

pour moi !

G. Pas de chance ! *Julie et Mariam essaient beaucoup d'articles très jolis pour leur magasin, mais elles trouvent qu'ils ont tous quelque problème. Jouez le rôle de la vendeuse encore une fois en essayant de leur vendre les vêtements malgré les objections.*

1. MARIAM   J'aime bien cette jupe, mais je ne sais pas… je la trouve un peu serrée.

VOUS   _____

_____

2.   JULIE   Il est bien ce chemisier… mais la soie, vous savez, c'est si fragile…

      VOUS   _____

               _____

3.   MARIAM   C'est vrai que ce pantalon me va bien, mais 150 dollars. Qu'est-ce que c'est cher !

      VOUS   _____

               _____

4.   JULIE   Euh… je n'arrive pas à me décider. Vous trouvez qu'elle me va bien, vous, cette veste ?

      VOUS   _____

               _____

Voir Structure 12.3   L'ordre des pronoms

H. *En sortant de la boutique, Julie se demande ce qu'elle peut offir à son ami, Marc, en rentrant du voyage. Pendant qu'elles se promènent vers Times Square en route à Saks Fifth Avenue, Mariam l'aide à trouver une bonne idée. Eliminez la répétition de leur dialogue en récrivant chaque réponse avec des pronoms d'object direct, indirect,* **y** *ou* **en.** *La première réponse sert de modèle.*

MARIAM   À quoi penses-tu, Julie ?

JULIE   À Marc. J'aimerais apporter un petit cadeau <u>à Marc</u>, mais quoi ?

         <u>À Marc. J'aimerais *lui* approter un petit cadeau, mais quoi ?</u>

MARIAM   Hmmm… Des livres de Michael Crichton ? Il adore <u>les livres de Michael Crichton</u>, mais c'est vrai qu'il a déjà toute une collection <u>de ces livres</u>, n'est-ce pas ?

          _____

          _____

JULIE   Justement ! J'ai déjà offert <u>des livres de Sherlock Holmes à Marc</u> et il faut que je trouve autre chose cette fois-ci.

          _____

          _____

MARIAM   Une montre ! Achète la même montre que celle qui j'ai offerte à mon père. Tu sais Swatch. J'ai donné <u>la Swatch à mon père</u> pour son dernier anniversaire, et il adore <u>la Swatch</u>.

          _____

          _____

          _____

JULIE   Impossible ! il a déjà <u>plusieurs Swatchs</u>.

_____

MARIAM   Écoute, ceci est vraiment difficile. Prenons un bon hamburger et des frites <u>dans ce restaurant</u> pour nous aider à réfléchir <u>au problème</u> !

_____

_____

JULIE   Bonne idée !

LA PUBLICITÉ

Voir Structure 12.4   **Tout** et les expressions indéfinies

I. *En traversant Times Square, elles voient beaucoup de publicités différentes. Pour chaque description, expliquez pourquoi la publicité fonctionne bien. Analysez l'attrait (appeal) du produit et analysez sa valeur symbolique. Employez une expression différente de la liste dans chaque exemple.*

Tout(e)(s), tous / Certain(e)(s) / quelque(s) / la plupart des / plusieurs / bien des / beaucoup de / peu de

> **Modèle :**   Un homme qui embrasse une femme et lui offre du parfum de Chanel
> **C'est une bonne publicité parce que toutes les femmes aiment recevoir du parfum.**
> **Le cadeau précieux symbolise leur relation.**

1. Un homme distingué qui porte un foulard et un parapluie de Ralph Lauren

_____

_____

2. Des adolescents qui utilisent un ordinateur IMAC dans un café l'Internet.

_____

_____

3. Une femme très élégante qui se dépêche à son travail et qui parle dans son téléphone portable Nokia en même temps.

_____

_____

4. Un couple qui sort d'une limousine devant Saks Fifth Avenue pour aller faire du shopping

_____

_____

5. Des hommes sportifs qui s'amusent en buvant de la bière Miller

_____

_____

Synthèse : *Regardez les publicités suivantes et répondez aux questions.*

1. Quels acheteurs est-ce que ces publicités ciblent *(target)* et comment savez-vous ?

   La première publicité vise _____

   _____

   _____

   _____

   La seconde publicité vise _____

   _____

   _____

   _____

2. Est-ce que les produits dans ces publicités correspondent à votre style ou vos préférences personelles ? Pourquoi ou pourquoi pas ?

   La première publicité : _____

   _____

   _____

   _____

   La seconde publicité : _____

   _____

   _____

   _____

CULTURE

Relisez « L'arrivée de l'Euro » à la page 404 de votre livre. Ensuite, choisissez la bonne réponse à chaque question.

1. L(e) _____ est l'unité monétaire traditionnellement associée à la France.

    a. le dollar
    b. le franc
    c. l'euro

2. Les _____ n'ont pas adopté l'euro.

    a. Allemands
    b. Anglais
    c. Français

3. La France est connue dans le monde entier pour

    a. ses grands centres commerciaux.
    b. ses produits de luxe.
    c. ses bonnes affaires.

4. Rossignol est une entreprise qui fabrique

    a. de l'équipement de sport.
    b. du parfum.
    c. des trains à grande vitesse.

5. Le parfum N⁰ 5 de Chanel est devenu célèbre grâce à

    a. Grace Kelly.
    b. Marilyn Monroe.
    c. Brigitte Bardot.

Module 13
La santé
et le
bonheur

LES PARTIES DU CORPS

A. Un médecin extraordinaire. *Charles Chartier est docteur et professeur de médecine à la faculté de Montpellier. Parfois, il visite des écoles primaires locales pour donner de petites leçons d'anatomie aux élèves. Aidez les élèves à identifier les différentes parties du corps.*

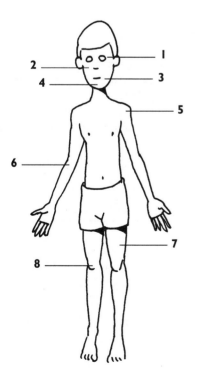

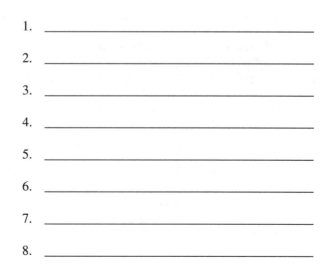

1. _____

2. _____

3. _____

4. _____

5. _____

6. _____

7. _____

8. _____

LES MALADIES ET LES REMÈDES

B. À la faculté de Montpellier. *Dans un de ses cours d'université, Charles enseigne aux étudiants à donner des conseils généraux. Jouez le rôle d'un de ses étudiants en écrivant un conseil pour chaque exemple de problème médical. Suivez le modèle.*

> **Modèle :** CHARLES   Madame Charrière s'est enrhumée en se promenant sous la pluie.
> VOUS   **Je lui conseille de ne pas sortir de la maison pendant trois hours, de prendre de l'aspirine et de boire des liquides.**

prendre des antibiotiques, du sirop, de l'aspirine   aller chez le médecin, chez le dentiste

utiliser un pansement, des béquilles   se reposer

boire des liquides   se faire faire une piqûre, une radio

CHARLES   Monsieur Legrand a mal à la tête et a une forte fièvre.

VOUS   _____

CHARLES   Madame Lemartret a une infection à la gorge.

VOUS   _____

CHARLES   Mademoiselle Martin s'est foulé la cheville.

VOUS   _____

CHARLES   Monsieur Calogirou a la grippe.

VOUS   _____

CHARLES   Madame Miller s'est coupé le doigt en faisant du jardinage.

VOUS   _____

Voir Structure 13.1   Expressions idiomatiques avec **avoir** (récapitulation)

C. Au cabinet de Charles. *Quand il n'enseigne pas, Charles reçoit des patients dans son cabinet de médecin au centre-ville. Aujourd'hui, il voit des malades avec des problèmes divers. Lisez la description de ce que chaque patient a fait hier et imaginez les symptômes qu'il ou elle expérimente. Utilisez des expressions avec **avoir** de la liste.*

avoir tort, avoir sommeil, avoir mauvaise mine, avoir mal à l'estomac, avoir du mal à se concentrer, avoir besoin de dormir, être de mauvaise humeur, se casser la jambe

1. Léon et Rodolphe ont bu quinze bières hier soir. Aujourd'hui, ils _____

   _____.

2. Emma a mangé trop de bonbons avant de se coucher. Aujourd'hui, elle _____

   _____

3. Hier, Thérèse et Félicité n'ont pas fait d'exercice après le repas du soir.

   _____

4. Hier, les frères Durand ont fait une promenade à cheval sous la pluie. Maintenant, ils _____

_____

5. Hier, Marie n'a pas mangé parce qu'elle veut maigrir. Maintenant, elle _____

_____

COMMENT PARLER AU MÉDECIN

Voir Structure 13.2   L'emploi de **depuis**

D. Tatie Jeanne. *La tante de Charles est en très bonne santé pour son âge. Elle a 62 ans, mais elle est très active et sportive. C'est pourquoi ses symptômes récents de rhume surprennent Charles ! Elle vient dans son cabinet pour demander conseil et il essaie de l'aider. Complétez leur conversation en utilisant* **depuis, depuis que, depuis quand** *ou* **depuis combien de temps.**

CHARLES _____ as-tu les oreilles bouchées ?

TATIE JEANNE Je n'entends guère _____ notre descente de la station de ski il y a deux jours.

CHARLES As-tu toujours de l'appétit ?

TATIE JEANNE Non. _____ j'ai mangé des escargots au restaurant hier soir, je n'ai plus envie de manger.

CHARLES Et _____ as-tu du mal à avaler ?

TATIE JEANNE J'ai mal à la gorge _____ deux jours.

CHARLES Et _____ as-tu le nez qui coule ?

TATIE JEANNE Ah, je l'ai _____ j'ai fait de la luge *(tobogganing)* avec mes petits-enfants.

CHARLES Mais _____ fais-tu de la luge, tante ?

TATIE JEANNE _____ mes petits-enfants ont commencé à en faire ! Ils m'ont invitée et je ne pouvais pas les décevoir !

CHARLES Tatie, ton problème est que tu es trop gentille ! Je te défends d'en refaire de la luge, c'est compris ?

TATIE JEANNE Oui, mon garçon. Mais ne voulais-tu pas partir au ski le week-end prochain ?

CHARLES Tatie !

E. Questions personnelles.

1. Quelle est votre idée personnelle du bonheur ? Est-ce l'argent ? une belle carrière ? des enfants ? des voyages ? Est-ce qu'une définition personnelle du bonheur change au long d'une vie ou est-ce que c'est une chose permanente ?

_____

_____

2. Pour vous, que veut dire l'expression « être en forme » ? Est-ce pratiquer un sport ? prendre des vitamines ? éviter le café, l'alcool, le sucre, le cholestérol ?

_____

_____

3. De quoi avez-vous peur dans la vie en général ? De quelle maladie avez-vous peur ?

_____

_____

POUR SE SENTIR BIEN DANS SA PEAU

Voir Structure 13.3 **Ce qui** et **ce que**

F. Deux jours à Disneyland Paris. *Charles et sa famille ont décidé de passer le week-end à Disneyland Paris. Les enfants, Chantal et Patrick, sont fascinés par le parc et ses attractions. Imaginez ce qui les amuse, effraie (scares) et intéresse. Complétez les quatre premières phrases en utilisant* **ce qui** *ou* **ce que** *et les quatre dernières phrases en employant* **c'est** *ou* **ce sont.**

Verbes utiles:

amuser, effrayer, aforer, intéresser, faire peur, surprendre, étonner, fasciner

PATRICK   _____, c'est le défilé *(parade)* de personnages de Disney !

CHANTAL   _____, c''est le Capitaine Hook ! Il est terrible !

PATRICK   _____, c'est le manège *(ride)* de Blanche Neige. Je crois que je vais avoir des cauchemars *(nightmares)* !

CHANTAL   _____, ce sont les chapeaux aux oreilles de Mickey Mouse ! Le mien est rose vif avec mon prénom brodé *(embroidered)* dessus !

PATRICK   Ce qui m'amuse, _____,

CHANTAL   Ce qui m'effraie, _____.

PATRICK   Ce que je trouve bizarre, _____.

CHANTAL   Ce que j'aime beaucoup, _____.

COMMENT CONSEILLER

Voir Structure 13.4   Le subjonctif (introduction)

G. De retour à Montpellier. *Charles doit donner un cours aux standardistes (operators) qui reçoivent les appels d'urgence de la ville. Il leur donne un scénario d'urgence dans lequel la mère d'un petit garçon a perdu connaissance. Imaginez les conseil que les étudiants proposent de donner au petit garçon qui téléphone en utilisant la forme correcte du verbe au subjonctif.*

GARÇON   J'ai peur ! J'ai peur !

LE STANDARDISTE   Il ne faut pas que tu (avoir) _____ peur.

GARÇON	Ma maman ne bouge plus !
LE STANDARDISTE	Où est-elle ? (*pause*) Il faut que tu me (dire) _____ où elle se trouve.
GARÇON	Elle est par terre !
LE STANDARDISTE	Est-ce qu'elle a perdu connaissance ? (*pause*) Il est nécessaire que tu lui (parler) _____.
GARÇON	Elle ne répond pas. Elle a les yeux fermés !
LE STANDARDISTE	Est-ce qu'elle saigne (*is bleeding*) quelque part ? Il faut que tu la (regarder) _____.
GARÇON	Oui, elle saigne un peu à la tête !
LE STANDARDISTE	Bon. Les secouristes (*paramedics*) vont bientôt arriver. Il est important que la porte (être) _____ ouverte. Je veux que tu (aller) _____ ouvrir la porte.
GARÇON	Quelqu'un arrive !
LE STANDARDISTE	Ce sont les secouristes ? Il faut que tu les (appeler) _____.

H. Les recommandations du médecin. *Imaginez que votre mari vient de se faire opérer par Charles. Communiquez à votre époux les conseils de Charles en évitant le subjonctif.*

> **Modèle :** « J'insiste pour que vous ne fumiez pas. »
> **Le médecin te dit de ne pas fumer.**

1. « Il faut que le patient sorte de la maison pour se promener tous les jours. »

   Chéri, il te dit qu'il faut _____

2. « Il est essentiel que votre mari ne mange pas trop de matières grasses. »

   Il te dit qu'il est essentiel _____

3. « Je voudrais que votre mari boive huit verres d'eau par jour. »

   Le médecin te dit _____

4. « Je recommande qu'il ne conduise pas pendant un mois. »

   Chéri, il te recommande _____

Synthèse : La maison de retraite (*nursing home*). *Quand Charles rend visite à sa grand-mère qui habite dans une maison de retraite, il remarquez que tout ne va pas bien. Il a pris des notes et, maintenant, il parle au directeur des conditions dans la maison. En jouant le rôle de Charles, faites vos recommandations.*

Verbes utiles :

acheter, améliorer (*to improve*), amener, changer, donner, faire attention, jouer, louer, mettre, réparer

Modèle : La télévision ne marche pas bien.
Il faut que vous répariez la télévision. *ou*
Il faut réparer la télévision. *ou*
Réparez la télévision.

1. La camarade de chambre de ma grand-mère a mauvaise mine. Elle dit qu'elle a mal à la tête.

   _____

2. Après avoir goûté leur dîner, les pensionnaires ne veulent plus manger.

   _____

3. Certains pensionnaires ont envie de lire dans le jardin, mais il n'y a pas de chaises.

   _____

4. Depuis un mois, les amies de ma grand-mère ont besoin d'aller faire du shopping au centre commercial.

   _____

5. D'autres gens voudraient fonder un groupe de musique. Mais il n'y a pas de piano ici !

   _____

6. Les personnes âgées qui aiment les films disent que la maison de retraite ne possède que trois vidéocassettes !

   _____

CULTURE

Regardez la Perspectives culturelles « Comment les Français se soignent » à la page 450 de votre manuel et répondez aux questions suivantes.

1. Caractérisez l'attitude des Français en ce qui concerne les remèdes.

   _____

   _____

2. Comparez l'attitude française envers l'eau minérale à celle des Américains.

   _____

   _____

3. Pourquoi est-ce que la médecine douce redevient populaire ?

   _____

   _____

Module 14
La vie
sentimentale

L'AMOUR

Voir Structure 14.1   Les verbes pronominaux

A. L'amour en conte de fée. *Pour Cendrillon (Cinderella) et son Prince Charmant, l'amour, c'est le coup de foudre. Racontez l'histoire au présent en choisissant les verbes de la liste.*

s'en aller	s'ennuyer	se parler
s'amuser	se fâcher	se regarder
se décider	se marier	se rendre compte
s'entendre	s'occuper	se retrouver

Après la mort de sa femme, le père de Cendrillon ¹ _____ à se remarier.

Mais sa nouvelle femme ² _____ contre Cendrillon et ses deux filles ne

³ _____ pas avec elle. Elles ⁴ _____ pendant que Cendrillon

travaille. Au palais, le roi organise un bal et invite toutes les jeunes filles du royaume. Cendrillon y va, mais elle doit

revenir à minuit. Au bal, le jeune prince et Cendrillon ⁵ _____ : c'est le coup de

foudre. Le prince l'invite à danser mais ils n'ont pas le temps de ⁶ _____. À minuit,

Cendrillon ⁷ _____ qu'il faut partir et elle ⁸ _____ en courant.

Dans l'escalier elle perd une pantoufle que le prince retrouve. Le prince cherche la jeune fille partout dans son

royaume. Finalement ils ⁹ _____, ¹⁰ _____ et sont heureux.

B. Votre propre conte de fées. *Racontez votre propre histoire d'amour, vraie ou imaginée, en répondant aux questions suivantes.*

1. Comment est-ce que vous vous êtes rencontrés ?

2. Est-ce que vous sortiez souvent ? où ? avec qui ?

3. Quand est-ce que vous vous êtes rendu compte que vous étiez amoureux(se) d'elle (de lui) ?

4. Qu'est-ce qui s'est passé après ?

5. Est-ce que vous avez rompu ? Pourquoi ? Est-ce que vous vous êtes disputés ?

_____

_____

_____

_____

_____

_____

_____

LES VALEURS ET L'ESPOIR

Voir Structure 14.2   Les pronoms démonstratifs **celui, celle(s)** et **ceux**
et Structure 14.3   Les verbes et les prépositions

D. Questions personnelles. *Répondez aux questions suivantes avec des phrases complètes.*

1. Avez-vous les mêmes valeurs que vos parents ? Pourquoi ou pourquoi pas ?

_____

_____

_____

2. Quel est votre plus grand espoir pour le futur ?

_____

_____

_____

3. Pensez-vous que la réussite matérielle soit plus importante de nos jours qu'autrefois ? Pourquoi ou pourquoi pas ?

_____

_____

_____

4. Quelles qualités cherchez-vous dans un mari ou une femme ? Pourquoi ?

_____

_____

_____

5. Est-ce que l'union libre ou le mariage à l'essai est une bonne idée pour les jeunes couples ? Pourquoi ou pourquoi pas ?

_____

_____

_____

D. Le bonheur. *Quelles valeurs sont les ingrédients les plus importants du bonheur ? Classez vos valeurs personnelles en ordre décroissant* (descending). *Pour vos premiers et derniers choix, donnez une justification.*

Santé   1. _____

Argent   2. _____

Carrière   3. _____

Pouvoir *(Power)*   4. _____

Famille   5. _____

Amis   6. _____

Position sociale   7. _____

Liberté personnelle   8. _____

J'ai choisi le/la/l' _____ comme première valeur parce que _____

_____.

J'ai choisi le/la/l' _____ comme dernière valeur parce que _____

_____.

E. Bilan de l'année. *Quels films, livres, chansons, publicités et émissions de télévision avez-vous trouvés les meilleurs cette année ? En suivant le modèle, utilisez le pronom démonstratif donné pour expliquer quels produits culturels vous ont vraiment impressionné(e) et pourquoi.*

Modèle :   films (ceux)
Parmi tous les films de l'année, ceux que j'ai le plus aimés sont « Being John Malkovich » et « The Messenger ». « Being John Malkovich » est très comique et les acteurs jouent bien. « The Messenger » a un très bon metteur en scène, Luc Besson.

1. livres (celui) _____

   _____

   _____

2. chansons (celles) _____

   _____

   _____

3. publicités (celle) _____

   _____

   _____

4. émissions de télé (celles) _____

   _____

   _____

F. La demande en mariage. *Imaginez que votre amie Kristine demande tes conseils au sujet du mariage. Son copain, James, vient de lui proposer de se marier avec lui, mais Kristine est très prudente et elle veut être certaine de sa décision. Aidez-la en complétant le dialogue par le verbe correct au temps indiqué.*

s'amuser (à)	réussir (à)	risquer (de)
tenir (à)	choisir (de)	ne pas du tout s'attendre (à)
s'habituer (à)	oublier (de)	ne pas chercher (à)
hésiter (à)	penser (à)	rêver (de)
promettre (de)	ne pas négliger (de)	

KRISTINE   Tu sais, je suis complètement surprise par cette demande en mariage ! Je _____ (imparfait)

à cela. James _____ (passé composé) de me faire sa proposition dans notre restaurant favori.

Tout était préparé, mais le pauvre homme _____ (passé composé) d'apporter la bague !

VOUS   Oh, le pauvre James ! Comment est-ce qu'il a posé la question ?

KRISTINE   Eh bien, il _____ (imparfait) à le faire directement. Je crois qu'il a essayé de le dire

pendant qu'on prenait l'entrée, mais il était trop nerveux. On en est venu au dessert. Il avait l'air si

sérieux alors que moi, je _____ (imparfait) à bavarder. Enfin, j'ai fini de parler et il

_____ (passé composé) à trouver le bon moment d'aborder la question. Quand il l'a dit, j'étais

si étonnée. Je veux avoir une famille éventuellement, mais je _____ (imparfait) à me

marier si tôt.

VOUS   Qu'est-ce que tu as répondu ?

KRISTINE   Eh bien, je lui _____ de bien réfléchir et de lui donner ma réponse dans trois
                 (passé composé)

                 jours. Tu sais combien je _____ à lui, mais je ne sais pas si je pourrai
                                   (présent)

                 _____ à ses mauvaises habitudes *(habits)*.
                    (infinitif)

VOUS   J'esprère que tu _____ de lui en parler. Je te conseille de vraiment
                            (passé composé)

                 _____ à ces questions avant de prendre une décision.
                    (infinitif)

KRISTINE   Tu as raison. Je dois contempler tout ceci. Merci beaucoup de ton aide.

G. Vrai ou faux ? *Est-ce que vous êtes d'accord avec les opinions suivantes sur l'amour ? Écrivez une réaction personnelle à chaque phrase en utilisant les verbes et prépositions appropriés.*

1. Si j'aime quelqu'un, je peux m'habituer à toutes ses habitudes.

    _____

    _____

2. Si un homme/une femme tient vraiment à moi, je sortirai avec lui/elle.

    _____

    _____

3. Si ça se passe très bien entre moi et mon ami(e), je choisis d'habitude de lui offrir un petit cadeau ou un bouquet de fleurs.

    _____

    _____

4. Je rêve d'être une bonne mère ou un bon père.

    _____

    _____

L'AMITIÉ

H. L'amitié chez vous. *Répondez aux questions suivantes avec des phrases complètes.*

1. Comment est votre meilleur(e) ami(e)—quelles sont les qualités que vous appréciez chez lui/elle ? Comment est-ce que vous vous êtes rencontré(e) ? Depuis combien de temps est-ce que vous le/la connaissez ?

    _____

    _____

    _____

2. Donnez cinq règles de base pour être un(e) bon(ne) ami(e). Commencez vos phrases par : **Il faut / On ne doit pas** ou **Il est important de** + infinitif.

    _____

    _____

    _____

COMMENT DIRE QU'ON EST D'ACCORD
OU QU'ON N'EST PAS D'ACCORD

I. Vues politiques et culturelles. *Imaginez que vous discutez de la politique et de la culture américaines avec votre copain ou copine. Écrivez une réaction personnelle à ce qu'il ou elle dit en incorporant une expression négative ou positive de la liste.*

Expressions positives :

ah ça, oui ; c'est vrai ça ; absolument ; tout à fait ; je suis tout à fait d'accord ; c'est bien possible ; ça se peut

Expressions négatives:

je ne suis pas d'accord, mais ce n'est pas vrai, absolument pas, pas du tout, tu as tort

VOTRE AMI(E) Bill Clinton a été un président excellent.

VOUS _____

_____.

VOTRE AMI(E) La télé et les publicités sont terribles pour les enfants.

VOUS _____

_____.

VOTRE AMI(E) On doit augmenter les salaires des instituteurs de toutes les écoles publiques du pays. C'est la seule manière d'améliorer notre système éducatif, qui est en danger actuellement.

VOUS _____

_____.

VOTRE AMI(E) le gouvernement américain ne peut pas garantir les assurances médicales de tous ses habitants. C'est impossible.

VOUS _____

_____.

COMMENT EXPRIMER SES SENTIMENTS

Voir Structure 14.4   Le subjonctif (suite)

J. En amour on n'est sûr de rien. *Adrienne et Kate discutent du mariage de leurs amis Kristine et James. Complétez leur conversation avec le présent du subjonctif ou le présent de l'indicatif des verbes donnés entre parenthèses.*

ADRIENNE Alors Kate, il paraît que notre amie Kristine (se marier) _____. Qu'en penses-tu ?

KATE Je suis ravie qu'elle (s'être) _____ décidée.

ADRIENNE Tu penses qu'elle (faire) _____ un bon mariage ?

KATE Je crois qu'ils (s'entendre bien) _____.

ADRIENNE   Je ne suis pas sûre que James (être) _____ fidèle. En effet, je pense qu'il la

(tromper) _____.

KATE   Comment ? Je suis tout à fait surprise que tu me (dire) _____ cela. Je crois

que tu (avoir) _____ tort.

ADRIENNE   Je suis désolée que tu ne (voir) _____ pas la réalité en face.

KATE   Il est incroyable que tu ne leur (faire) _____ pas confiance.

ADRIENNE   Je crois que je le (connaître) _____ James. Il a fait la même chose avec

Nicole ; heureusement elle a découvert la vérité avant le jour du mariage.

J. Synthèse et culture : Le courrier du cœur. *Vous vous sentez seul(e) ? On peut toujours demander des conseils au courrier du cœur. Lisez la lettre et répondez-y en utilisant des expressions comme* **il est évident,** *il est excellent,* **il n'est pas juste, je ne crois pas, il faut que, il vaut mieux.**

> Dans mon métier (je travaille pour la Banque Mondiale), je voyage beaucoup. Un an au Canada, six mois à la Martinique… Dans ces conditions, il est difficile de rester longtemps avec le même homme. Mais j'aime bien ma liberté. J'ai besoin d'être seule. J'adore partir à l'aventure. Pour moi, le célibat, c'est une vie confortable. J'ai beaucoup d'amis. Le problème : ma famille commence à me regarder comme une handicapée du cœur ! Je suis fatiguée de leurs remarques. Ma mère surtout me comprend mal. Elle me regarde comme si j'étais une grande malade. Elle a peur que je devienne une vieille fille (*old maid*). C'est humiliant. Est-ce que ce n'est pas normal de vouloir son indépendance ? Comment convaincre ma mère de me laisser tranquille ? Merci de bien vouloir me répondre.
>
>   Hélène

Chère Hélène,

Il est évident que vous voyagez beaucoup et que c'est un travail qui vous plaît.

_____

_____

_____

_____

_____

CULTURE

Relisez « Le couple en transition » à la page 485 de votre manuel et répondez aux questions suivantes.

1. Par rapport aux années précédentes, quelle(s) attitude(s) a-t-on envers l'amour dans les années récentes ?

   _____

   _____

   _____

2. Quels changements a entraînés le travail des femmes ?

   _____

   _____

   _____

3. Comparez le couple moderne français au couple américain.

   _____

   _____

   _____

Module 15
Il était
une fois…

COMMENT RACONTER UNE HISTOIRE (SUITE)

Voir Structure 15.1   Le passé (suite)

A. Une histoire avant de s'endormir. *Catherine essaie de lire une histoire à son petit frère Martin pour qu'il s'endorme, mais l'histoire ne lui plaît pas. Complétez le dialogue suivant en mettant les verbes entre parenthèses à l'imparfait ou au passé composé.*

CATHERINE   Il (être) _____ une fois un prince qui (s'appeler) _____

Philippe et…

MARTIN   Oh non ! Je la connais cette histoire ! Le prince (tuer) _____ le dragon et il

(épouser) _____ la belle princesse !

CATHERINE   Bon, une autre alors… C'est l'histoire de deux petits enfants qui (se promener)

_____ dans la forêt quand soudain ils (voir) _____ une

maison en pain d'épice…

MARTIN   Arrête ! La sorcière (vouloir) _____ les manger mais finalement les enfants

(réussir) _____ à s'échapper ! Allez, une autre !

CATHERINE   Oh là là ! Je n'ai plus d'idée, moi ! Et celle de la petite sirène…

MARTIN   … qui (devenir) _____ femme pour séduire le prince qu'elle (aimer)

_____ ? Tu rigoles, ça c'est un grand classique !

CATHERINE   Et bien, je ne vois qu'une solution. Ferme les yeux et raconte-toi toi-même une histoire puisque,

de toute façon, tu les connais toutes !

B. Frère et sœur. *Conjuguez les verbes du conte suivant au passé composé ou à l'imparfait.*

Il était une fois une jeune fille et un jeune homme dont les parents (être) _____ morts. Ils

(habiter) _____ seuls dans la forêt. La méchante sorcière (transformer) _____

le petit garçon en un petit faon (*fawn*). La petite fille et le petit faon (se promener) _____

souvent au bord d'un ruisseau dans lequel le jeune animal (boire) _____. Un jour, le prince du

royaume qui (chasser) _____ souvent dans la forêt (voir) _____ le faon et

(vouloir) _____ le tuer. Mais la jeune fille (courir) _____ vers le

prince en le suppliant (*begging*) de ne pas tuer son petit frère. Le prince (accepter) _____ aussitôt.

Le prince, qui (tomber) _____ amoureux de la jeune femme, lui (demander) _____

de l'épouser. Finalement, ils (vivre) _____ heureux dans le palais du prince et une bonne fée,

marraine du prince, (redonner) _____ sa forme humaine au petit faon.

LES ANIMAUX ET LES CONTES

Voir Structure 15.2 Les adverbes de manière

C. Le corbeau et le renard. *Voici une version de la fable de la Fontaine « Le Corbeau et le renard ». Encerclez les adverbes.*

1. Un corbeau perché sur une branche tenait fièrement en son bec un fromage.

2. Un renard qui passait par là a eu vraiment envie de manger son fromage.

3. Il a demandé au corbeau de lui donner son fromage et le corbeau a évidemment refusé.

4. Alors, le renard lui a malicieusement dit qu'il devait avoir le plus beau chant de tous les oiseaux de la forêt.

5. Et le corbeau était si fier qu'il a finalement ouvert le bec pour chanter.

6. La morale de cette histoire est que, probablement, le corbeau fera plus attention la prochaine fois en écoutant

un flatteur.

D. Pierre et le loup. *Les adverbes manquent dans cette version du conte « Pierre et le loup ». Formez-les à partir des adjectifs de la liste (ou ajoutez votre propre adverbe) et écrivez-les dans l'espace donné.*

féroce	brusque	constant
heureux	joyeux	lent
malicieux	rapide	courageux

Pierre habitait avec son grand-père dans une jolie maison en bois au bord d'une grande forêt. Son grand-père

lui répétait ¹ _____ de ne pas sortir du jardin car parfois le loup sortait de la forêt. Pierre avait

trois amis : Sacha, un petit oiseau ; Sonia, un canard et Ivan, un chat. Un jour, malgré l'interdiction de Grand-père,

Pierre et ses trois amis sont allés se promener ² _____ en dehors du jardin. Sonia nageait

³ _____ dans la mare (*marsh*), Sacha voletant ⁴ _____ au-dessus de sa tête et

Ivan essayant de les attraper pour jouer. Quand soudain… le loup est sorti de la forêt ! Il a grogné (*growled*)

⁵ _____ et a essayé d'attraper le canard. L'oiseau s'est envolé ⁶ _____ et

Pierre est monté ⁷ _____ dans un arbre pour se mettre à l'abri (*shelter*) sur la branche d'un

arbre, suivi du chat Ivan. Sonia s'est échappée vers le milieu de la mare et le loup a commencé à tourner

⁸ _____ autour de l'arbre pour attraper les trois amis. Mais ⁹ _____ Pierre

avait une corde et il a ¹⁰ _____ attrapé la queue du loup !

LE SEPTIÈME ART

Voir Structure 15.3   Le conditionnel

E. Questions personnelles. *Répondez aux questions suivantes avec des phrases complètes.*

1. Quels films avez-vous vus récemment ? Les avez-vous vus au cinéma, à la télé ou en vidéo ? Est-ce que vous préférez voir des films au cinéma ou sur le petit écran ? Pourquoi ?

    _____

    _____

2. Qui est votre acteur/actrice préféré(e) ? Quel film a lancé sa carrière ? Quel est son meilleur rôle ?

    _____

    _____

3. Quel est votre film favori ? Quand est-ce que ce film est sorti ? Qui en est le réalisateur ? Quelles vedettes ont joué dans ce film? Où est-ce que le film a été tourné ? Pourquoi l'avez-vous tant aimé ?

    _____

    _____

4. Quel film français (ou étranger) avez-vous vu ? L'avez-vous vu en version originale, sous-titré ou doublé ? Quelles différences avez-vous remarquées entre ce film et un film typiquement américain ?

_____

_____

COMMENT PARLER DE LA LITTÉRATURE

Voir Structure 15.4 Comment reconnaître le passé simple

F. Goupil le renard. *En France, au Moyen-Âge, un renard était appelé un goupil. Les aventures d'un goupil célèbre nommé « Renard » ont popularisé ce nom qui est resté dans la langue française le terme employé couramment pour désigner de cet animal. Voici une des aventures de Goupil et de son oncle le loup Isengrin qui lui sert de souffre-douleur (scapegoat). Écrivez l'infinitif des verbes en italique dans l'histoire suivante.*

Par une matinée froide d'hiver, alors que Goupil se promenait au bord d'un lac gelé, il *eut*[1] une idée pour jouer un tour à son oncle Isengrin. Goupil *retourna*[2] au bord de la route qui menait au village et il *vola*[3] des poissons aux paysans qui allaient au marché. Il *mit*[4] les poissons dans un seau (*bucket*) et *alla*[5] voir Isengrin. « Isengrin, mon bon oncle », *dit*-il[6] en frappant à la porte du loup, « j'ai là de beaux poissons pêchés dans le lac ! » Isengrin, qui avait très faim, *ouvrit*[7] la porte et *demanda*[8] à Goupil de lui montrer comment il avait fait pour pêcher dans le lac gelé. Goupil *emmena*[9] son oncle au bord du lac, *fit*[10] un trou (*hole*) dans la glace et *attacha*[11] un seau à la queue (*tail*) d'Isengrin. « Trempez votre queue dans le lac, mon bon oncle, et attendez que les poissons rentrent dans le seau ! » Isengrin *pensa*[12] que c'était là une manière bien facile de pêcher, *trempa*[13] sa queue dans le lac et *attendit*[14]... Pendant ce temps, Goupil *alla*[15] chercher des chasseurs qui *trouvèrent*[16] le pauvre Isengrin avec la queue coincée par la glace qui s'était refermée autour ! Isengrin, en voyant les chasseurs et leurs chiens, *tira*[17] si fort pour s'enfuir que sa queue *se coupa*[18] ! Et en courant bien vite pour échapper aux chasseurs, il *jura*[19] que son coquin de neveu ne l'y reprendrait plus (*wouldn't trick him again*) !

1. _____
2. _____
3. _____
4. _____
5. _____
6. _____
7. _____
8. _____
9. _____
10. _____
11. _____
12. _____
13. _____
14. _____
15. _____
16. _____
17. _____
18. _____
19. _____

F. Un nouveau. *Imaginez que vous et votre partenaire en business serez les producteurs d'un nouveau film sur la vie de Martin Luther King Jr. Vous avez beaucoup d'idées à propos des acteurs et des scènes. Cependant, votre partenaire essaie de tout contrôler ! Complétez le dialogue suivant en utilisant la forme correcte du conditionnel.*

VOUS   Je pense que Denzel Washington _____ (être) parfait pour le rôle de Martin Luther King Jr.

VOTRE PARTENAIRE   Moi, j'_____ (engager) Forest Whitaker ou l'acteur qui a joué dans « Amistad ». Ils _____ (travailler) mieux grâce à leur expérience avec de bons metteurs en scène.

VOUS	Tu rigoles ? Forest Whitaker _____ (avoir) l'air trop gros et

marrant. Hounsou _____ (ne pas parler) comme un Américain. Il

a un accent assez fort quand il parle anglais.

VOTRE PARTENAIRE   C'est à toi de voir, mais je crois que nous _____ (ne pas devoir) offrir ce rôle à Denzel Washington.

VOUS   Bon. Parlons d'autres choses. J' _____ (aimer) tourner la scène

de l'assassinat à l'hôtel où cela s'est vraiment passé. _____

(Pouvoir)-tu l'arranger ?

VOTRE PARTENAIRE   Dans ce cas-là, il _____ (falloir) parler aux propriétaires de

l'hôtel. Nous _____ (être) aussi obligés d'obtenir plusieurs

permis.

VOUS   Je pense que ça _____ (valoir*) vraiment le coup. L'hôtel et le

voisinage _____ (donner) un air très réaliste à la scène. Tu es

d'accord qu'on _____ (devoir) rester aussi fidèle que possible à

l'histoire de King, n'est-ce pas ?

VOTRE PARTENAIRE   Oui, bien sûr. J'essayerai de réserver l'hôtel, mais réfléchissons sur la question du rôle principal, d'accord ?

VOUS   D'accord.

*valoir le coup = *to be worth it;* valoir au conditionnel = *vaudrait*

H. Et si vous étiez zoologiste ? *Si vous alliez travailler comme zoologiste, quels animaux aimeriez-vous étudier ?*
Révisez les listes suivantes et choisissez l'un des continents pour faire votre travail. Ensuite expliquez votre choix en
complétant le paragraphe.

Afrique	Asie	Australie
la gazelle	le tigre	le kangourou
l'éléphant	le cobra	le kookaburra
le zèbre	le panda	le koala
le lion	le tapir	le wombat
la girafe	l'orang-outan	le dingo
l'hippopotame	le paon (*peacock*)	le gecko

Amérique du nord	Amérique du sud	Régions polaires
le mouflon (*mountain sheep*)	le condor	l'ours polaire
l'aigle	le toucan	le phoque (*seal*)
l'ours grizzly	le paresseux (*sloth*)	le pinguoin
l'élan (*moose*)	le crocodile	le morse (*walrus*)
le raton-laveur (*raccoon*)	l'anaconda	le renard
le castor (*beaver*)	le tamanoir (*anteater*)	le caribou

Si j' _____ (être) zoologiste, j' _____ (aller)

_____ pour étudier les animaux indigènes. Je _____ (choisir) cette région

parce que _____

_____.

Dans mes recherces, je _____ (se concentrer) sur un animal spécifique, le/la/l'

_____, parce que _____.

Je pense que j' _____ (apprendre) beaucoup en faisant ce travail parce que _____

_____

_____

_____.

CINQ PERSONNAGES DE LA LITTÉRATURE FRANÇAISE

I. Personnages littéraires. *Identifiez le personnage décrit.*

1. _____ a été élevée dans un couvent		a. Tristan
2. _____ finit en prison		b. Iseut
3. _____ finit par se suicider		c. Tartuffe
4. _____ est une princesse		d. Emma Bovary
5. _____ est un bourgeois		e. Maigret
6. _____ fait la cour à la femme de son ami		
7. _____ fume une pipe		
8. _____ est la femme d'un médecin		
9. _____ vainc un géant et un dragon		
10. _____ aime dîner dans un bon petit restaurant		

Synthèse : Votre conte. *Maintenant c'est à vous d'inventer votre propre conte en choisissant deux animaux et deux endroits parmi les possibilités ci-dessous.*

Il était une fois { un serpent / une grenouille / un corbeau / un renard / etc. } qui habitait dans { un palais / une grotte *(cave)* / un tronc d'arbre / une forêt vierge… / etc. }

Organisez l'histoire en répondant aux questions suivantes et écrivez un conte d'une douzaine de lignes. Utilisez le passé composé et l'imparfait et, au moins une fois, le plus-que-parfait.

1. Quels sont les deux personnages principaux de votre conte ?

   _____

   _____

2. Décrivez en deux adjectifs leur caractère et formez un adverbe que vous utiliserez dans le conte.

   1er personnage   2ème personnage

   adjectif: _____   adjectif: _____

   adjectif: _____   adjectif: _____

   adverbe: _____   adverbe: _____

3. En quelques phrases courtes, racontez l'intrigue du conte.

   _____

   _____

   _____

   _____

   _____

   _____

   _____

4. Quelle est la morale de votre conte ?

   _____

   _____

   _____

5. Quel est le titre de votre conte ?

   _____

   _____

Allez-y ! C'est maintenant à vous de devenir conteur ou conteuse !

   _____

   _____

   _____

   _____

   _____

   _____

_____

_____

_____

_____

_____

_____

_____

_____

_____

_____

_____

CULTURE

Relisez « Les Français et leurs animaux domestiques » à la page 512 de votre manuel. Indiquez si les affirmations suivantes sont vraies ou fausses. Corrigez celles qui sont fausses.

1. L'animal le plus populaire en France est le poisson rouge.   **vrai**   **faux**

   _____

2. Les Français s'occupent peu de leurs animaux domestiques.   **vrai**   **faux**

   _____

3. En France, on voit souvent des chiens dans les restaurants.   **vrai**   **faux**

   _____

Chapitre de récapitulation

LES PROJETS ÉDUCATIFS

A. Anticipation du bac. *Deux lycéens français, Jean et Patrick, parlent nerveusement de l'examen qu'ils doivent passer dans trois jours, le bac. Imaginez ce qu'ils en disent en complétant les phrases par le pronom approprié,* **ce qui** *ou* **ce que.**

JEAN   _____ me fait peur, c'est l'idée de ne pas pouvoir finir à temps.

PATRICK   Moi aussi. Pourtant, _____ rassure, c'est que Marc a pu terminer sans problème.

JEAN   Ah bon ? Tu sais _____ j'aimerais faire après l'examen ? Je veux bien partir en Italie. J'ai envie d'explorer quelque coin perdu de la Toscane.

PATRICK   _____ serait idéal pour changer les idées, n'est-ce pas ?

JEAN   On pourrait partir après l'examen…

PATRICK   En attendant les résultats ?

JEAN   Oui, c'est _____ je pensais.

PATRICK   Génial ! _____ me préoccupe un peu, pourtant, c'est que j'avais promis à Ghislaine de partir au ski avec elle.

JEAN   Eh ben, invite-la ! On s'amusera tous les trois à goûter les spécialités gastronomiques de la région !

PATRICK   Impeccable !

B. Votre examen national. *Pensez au temps où vous prépariez le SAT ou le ACT. Qu'est-ce qui vous préoccupait ou vous faisait peur ? Étiez-vous nerveux/nerveuse pendant la période de préparation ? En utilisant* **ce qui** *or* **ce que** *et une expression verbale de la liste, construisez sept phrases qui décrivent votre expérience. Suivez le modèle.*

      Modèle :   *Ce qui* **me faisait peur, c'était la section de géométrie.**

m'effrayait / m'encourageait / me rassurait / je voulais faire après l'examen / m'aidait / je comprenais bien / je ne comprenais pas du tout / me confondait / j'avais envie de faire juste avant l'examen / j'ai fait pour me préparer / me rendait nerveux/nerveuse / j'étudiais le plus / mes amis faisaient / mes parenets me disaient

1. _____

2. _____

3. _____

4. _____

5. _____

6. _____

7. _____

C. L'oncle Jules. *L'oncle de Patrick est très critique et difficile à vivre. Pendant un dîner en famille, il interroge ses nièces et neveux sure leurs projets éducatifs. Jouez le rôle des jeunes en défendant leurs plans. Dans chaque phrase, incorporez une expression verbale de la liste. Élaborez votre défense en donnant des raisons pour ce que vous dites.*

      Modèle :   L'ONCLE JULES   « Marie, tu *ne désires pas* devenir médecin ».
                     MARIE   **« Mais si, tonton ! Je *rêve d'*être médecin ! Je veux travailler en médecine depuis l'âge de cinq ans ! J'ai déjà commencé à étudier, et je sais que je veux me spécialiser en allergies ».**

tenir très fort à / choisir de / hésiter à / réussir à / ne pas oublier de / s'amuser à

L'ONCLE JULES   « Patrick, tu *ne veux pas* vraiment devenir professeur de littérature anglaise, j'espère ».

      PATRICK   _____

                        _____

L'ONCLE JULES   « Tu *as négligé de* réviser Richardson, je parie *(bet)* ».

      PATRICK   _____

                        _____

L'ONCLE JULES   « Élodie, tu *n'as pas décidé de* faire le bac S *(mathematics)* » !

       ÉLODIE   _____

                        _____

L'ONCLE JULES   « Je suis sûr que tu *t'ennuieras* en faisant un travail de mathématicien » !

ÉLODIE   _____

_____

_____

L'ONCLE JULES   « Henri, tu *n'arriveras jamais à* dominer la géophysique ».

HENRI   _____

_____

_____

L'ONCLE JULES   « J'imagine que tu *te précipites de* partir à Cuba maintenant que tu as réussi le bac, Katy ».

KATY   _____

_____

_____

LES PROJETS PROFESSIONNELS

D. L'homme ou la femme professionel(le) idéal(e). *Vous avez l'occasion d'interviewer la personne professionnelle que vous admirez le plus. Quelles questions lui posez-vous ? Écrivez une question intéressante pour chaque expression interrogative.*

Personne interviewée : _____

1. Comment _____ ?

2. Pourquoi _____ ?

3. Où _____ ?

4. Qu'est-ce qui _____ ?

5. Qu'est-ce que _____ ?

6. Est-ce que _____ ?

7. Pendant combien de temps _____ ?

8. Avec qui _____ ?

E. Et votre carrière ? *La personne que vous admirez le plus s'intéresse à votre avenir et il/elle veut s'informer sur vos projets. Imaginez qu'il ou elle vous pose cinq questions qui incorporent cinq expressions interrogatives différentes.*

1. _____ ?

2. _____ ?

3. _____ ?

4. _____ ?

5. _____ ?

COMMENT SURMONTER LES OBSTACLES

F. La déception de Patrick. *Le pauvre Patrick n'a pas eu son bac. De plus, il a échoué en littérature anglaise, son sujet préféré. Il est extrêmement déçu et pessimiste. Il ne peut rien dire de positif ! Imaginez ce qu'il dit en complétant le passage par des expressions négatives.*

ne… rien / rien ne… / personne ne… / ne… pas / ne… jamais / ne… plus / ne… que / ni… ni

Je _____ ferai _____ rien d'important ! Comment pourrai-je devenir

professeur de littérature anglaise si je _____ peux même _____ réussir un

examen sur Byron ? Je _____ ai _____ envie d'étudier. Je veux abandonner.

Je _____ pense _____ à cette mauvaise note ! _____

_____ pourrait être plus décevant pour moi qu'échouer en ma spécialité ! _____

_____ m'engagerait comme professeur, _____ en France, _____

en Angleterre. Et pourtant j'ai travaillé si dur. Il _____ y a _____ qui

puisse me donner du courage en ce moment.

G. Du courage ! *La famille de Patrick doit l'encourager à continuer ses études malgré (despite) son échec (failure). La sœur de Patrick, Jacqueline, essaie de lui donner du courage dans le dialogue suivant. Complétez-le utilisant le conditionnel de* **pouvoir, devoir, payer** *ou* **être.**

PATRICK   Je suis désespéré. Je n'ai pas envie de repasser l'examen.

JACQUELINE   Tu _____ vraiment le repasser. Sinon, tu ne pourras jamais obtenir de diplôme universitaire.

PATRICK   Je sais, mais comment est-ce que je peux être sûr de réussir cette fois ?

JACQUELINE   Tu _____ engager un précepteur *(tutor).*

PATRICK   Oui, mais je _____ obligé de payer les cours et ce _____ cher !

JACQUELINE   Mais non, maman et papa te _____ le cours.

PATRICK   D'accord, mais qu'est-ce que je peux faire avec un précepteur que je ne suis pas capable de faire moi-même ?

JACQUELINE   Écoute. En travaillant seul tu n'as pas réussi à comprendre Byron. Toi et le précepteur, vous

_____ le réviser jusqu'à ce que tu le comprennes !

PATRICK   C'est vrai que tout professeur de littérature anglaise _____ connaître Byron à fond.

JACQUELINE   C'est obligé, je te dis ! Comment est-ce que tu vas réussir sinon ?

LES ASPIRATIONS PERSONNELLES

H. Le dilemme de Jacqueline. *La sœur de Patrick a trente-trois ans et elle veut vraiment avoir des enfants. Cependant, comme elle n'a pas encore trouvé l'homme de ses rêves, elle reste célibataire* (single). *Quand elle aura trente-cinq ans, elle pense être obligée de prendre une décision sur cette question. Complétez sa discussion de la situation hypothétique en écrivant la forme correcte du conditionnel.*

JACQUELINE   Si j'avais 35 ans et n'étais pas mariée, je _____ (adopter) un enfant

chinois et l' _____ (amener) en France. L'enfant

_____ (grandir) ici et _____ (assimiler) cette culture

et langue. Je sais que l'expérience _____ (pouvoir) être difficile, mais je

crois que cela _____ (valoir) vraiment la peine. Je ne veux pas me passer

d'être mère.

CAROLE   Je suis tout à fait d'accord avec toi. Si je ne devenais pas mère, je _____ (être)

très déçue. Je _____ (préférer) être mère célibataire à l'idée de ne pas avoir

d'enfants. Cependant, mes parents sont si traditionnels. Je crois qu'ils le _____

(trouver) un peu bizarre si j'élevais mon enfant seule.

JACQUELINE   Mais ils l' _____ (accepter), n'est-ce pas ?

CAROLE   Oui, bien sûr.

I. Et vous ? *Que feriez-vous à la place de Jacqueline ? Exprimez votre perspective sur cette question hypothétique et d'autres en complétant les phrases par des propositions conditionnelles.*

1. Si j'étais une femme célibataire âgée de trente-cinq ans et si je voulais avoir un enfant,

   _____.

2. Si ma femme/mon mari voulait des enfants et je ne les voulais pas,

   _____.

3. Si j'avais trente-cinq ans et vivais toujours chez mes parents,

   _____.

4. Si j'étais mère ou père et mon fils ne voulait pas faire d'études universitaires,

   _____.

5. Si mon fils voulait être acteur,

   _____.

LA RÉUSSITE

J. Enfin la réussite. *Patrick a eu son bac. Il a passé l'été à réviser les auteurs anglais et il se croit préparé à partir au campus universitaire. Imaginez le moment de son départ. Comment se sentent sa copine et sa famille ? Quels conseils lui offrent-ils ? Complétez les phrases en écrivant la forme correcte du verbe au subjonctif, à l'indicatif (au présent, au futur ou au passé composé), ou à l'infinitif.*

LA COPINE DE PATRICK   Je doute Jean et moi _____ (pouvoir) te rendre visite tous les

week-ends. Il faut que tu _____ [s'habituer,] *get used to*)] à nous

voir moins souvent. Ça va être dur, mais on se téléphonera tous les deux jours et

on _____ [s'(écrire)] plein de lettres. Tu me _____

(manquer) énormément.

JACQUELINE   Je suis sûre que tu _____ (aller) réussir dans tes classes. Il

est possible que tes professeurs t'_____ (exiger) beaucoup

de travail et que les examens _____ (être) assez difficiles. Tu

ne dois pas _____ (avoir) peur et il est essentiel que tu

_____ (continuer) à travailler comme tu l'as fait cet été.

LE PÈRE DE PATRICK   Il faut que tu nous _____ (téléphoner) régulièrement. Il est

important que toi et tes copains _____ (ne pas trop faire) la

fête. Je veux que vous _____ (réussir) tous. Vos avenirs en

dépendent.

LA MÈRE DE PATRICK   Patrick, nous sommes très fiers de toi. Nous savons que tu _____

(pouvoir) faire tout ce que tu veux dans la vie. Je pense que tu _____

(faire) un excellent travail de révision cet été. En vérité, je ne savais pas que tu

_____ (être) si discipliné et si déterminé. Je suis très

contente de _____ (être) ta mère.

PATRICK   Vous m'êtes tous très chers. Je vous remercie des conseils et vous promets de les

_____ (suivre). Mais il est déjà très tard et il faut que je

_____ (partir). Au revoir et à bientôt !

K. À la place des parents de Patrick. *Que diriez-vous et comment vous sentiriez-vous si votre fils ou fille quittait la maison pour aller à l'université ? Exprimez vos sentiments et donnez vos conseils en complétant les phrases avec l'infinitif, l'indicatif ou le subjonctif. Ne répétez pas de verbe et incorporez des détails sur la vie universitaire.*

1. Je suis content(e) _____.

2. Je crois que _____.

3. Il est essentiel que _____.

4. Il est importante de _____.

5. Je pense que _____.

6. Il vaut mieux _____.

7. Il faut que _____.

8. Nous sommes tristes que _____.

L. Synthèse et culture : Derniers pas. *Vous avez décidé de vous jeter dans le monde professionnel en apprenant à faire une lettre de demande de travail. Lisez d'abord le modèle et ensuite complétez la lettre qui suit en utilisant des informations personnalisées.*

Denis Deffieux
7, rue du Chemin vert
Bordeaux 33000

Bordeaux, le 10 juin 20—
Madame, Monsieur le Directeur
de Rossignol
10, rue de la Forêt
Grenoble 38000

Madame, Monsieur,

J'ai l'honneur de poser ma candidature pour le poste de directeur commercial international dans votre société.

Votre société ouvre de très larges perspectives sur le plan international et les possibilités qu'elle offre m'intéressent énormément. Ma capacité à diriger *(lead)* et à coordonner une équipe, mes facultés d'adaptation et d'intégration, facilitées par mes connaissances d'anglais et d'espagnol ainsi que par mon dynamisme, sont autant de facteurs qui me conduisent à vous présenter ma candidature.

À l'appui de ma demande, je vous prie de bien vouloir trouver ci-joint mon curriculum vitæ. En complément, Monsieur Paulin, avec qui j'ai travaillé, a accepté de donner un avis sur ma personne et sur mon travail.

Je suis à votre entière disposition et je suis prêt à vous rencontrer dès que vous le jugerez opportun. Dans cette attente, je vous prie d'agréer, Madame, Monsieur le Directeur, de mes très respectueuses salutations.

Denis Deffieux

_____

_____

_____   _____

                                                    _____

                                                    _____

                                                    _____

                                                    _____

Madame, Monsieur,

J'ai l'honneur de poser ma candidature pour le poste de _____

_____ dans votre société.

Votre société ouvre de larges perspectives sur le plan international et les possibilités qu'elle offre

m'intéressent énormément. Ma capacité à _____

_____, facilitées par mes connaissances d(e)

_____ ainsi que par mon _____

sont autant de facteurs qui me conduisent à présenter ma candidature.

À l'appui de ma demande, je vous prie de bien vouloir trouver ci-joint mon curriculum vitae.

En complément, _____, avec qui j'ai travaillé, a accepté de

_____.

Je _____ pour _____

_____ opportun. Dans cette attente, je vous

prie d'agréer, Madame, Monsieur _____, l'expression de mes très

respectueuses salutations.

_____

CULTURE

Relisez « La sélection et la chasse aux concours » à la page 551 et « Orientation au bac » à la page 554 de votre manuel. Ensuite, choisissez la meilleure réponse à chaque question.

1. En France, oncommence à s'inquiéter de la sélection pour le lycée

    a. après l'école primaire.
    b. avant la fin du collège.
    c. après le collège.

2. Les écoles les plus prestigieuses en France s'appellent

    a. les écoles préparatoires.
    b. les lycées.
    c. les Grandes Écoles.

3. Le diplôme général qu'on passe à l'université en France s'appelle

    a. le DEUG.
    b. la terminale.
    c. le CAP.

4. Le bac est

    a. un examen et un diplôme.
    b. un diplôme.
    c. une école.

Activités de compréhension et de prononciation
(*Laboratory Manual*)

Module 1
Les camarades
et la
salle de classe

COMPRÉHENSION AUDITIVE

Comment se présenter et se saluer

Exercice 1. Marcello présente ses amis. *Marcello, who is studying French at a language institute in Nice, is explaining where some of his fellow students are from. Match each student to his or her city.*

1. _____ Marcello   a. Lisbonne

2. _____ M. Leupin   b. Paris

3. _____ Noriko   c. Rome

4. _____ Anne   d. New York

5. _____ Amandio   e. Osaka

Exercice 2. Formel ou familier ? *Indicate whether the speakers are being formal or familiar by putting an X in the appropriate column. You will hear each sentence twice.*

	formel	familier
1.	_____	_____
2.	_____	_____
3.	_____	_____
4.	_____	_____
5.	_____	_____

Exercice 3. Comment allez-vous ? *You will hear six short greetings. Select and give an appropriate response during the pause, then check your answers against the tape.*

a. Je m'appelle Serge.

b. Salut, à demain.

c. Moi, je viens de Marseille.

d. Oui, ça va. Et toi ?

e. Très bien, merci. Et vous ?

f. Pas mal. Et toi ?

La salle de classe

Exercice 4. Identifiez les choses. *Indicate whether the following objects are being properly identified by marking* **oui** *or* **non** *below.*

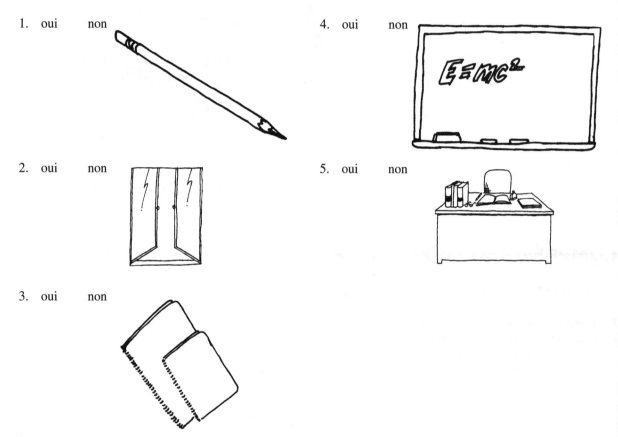

1. oui   non

2. oui   non

3. oui   non

4. oui   non

5. oui   non

La description et les vêtements et les couleurs

Exercice 5. Qui est sur la photo ? *Laurent and Marcello are thumbing through a* Paris Match *magazine looking at celebrity photos from the Cannes Film Festival. Listen to their comments about the following celebrities and circle the descriptions you hear them use for each one. You may need to play the dialogue more than once.*

célébrités	description
1. Catherine Deneuve	jeune belle blonde classique
2. Daniel Auteuil	beau chapeau petit vieux
3. Emmanuelle Béart	cheveux longs belle petite
4. Clint Eastwood	vieux cheveux gris beau

Comment communiquer en classe

Exercice 6. Vous comprenez ? *Match what you hear with its English equivalent.*

1. _____

2. _____

3. _____

4. _____

5. _____

   a. The homework is on page 10.

   b. Please repeat.

   c. I don't understand.

   d. I have a question.

   e. Open the book to page 25.

Exercice 7. La vie moderne. *Anne and Marc want to order school clothes from the catalogue « La Vie moderne ». Their mother wants to know on what pages she can find the following clothing. Write down the page number where each article of clothing can be found.*

1. robe rouge _____

2. pantalon beige _____

3. jupe _____

4. blouson _____

5. chemises _____

6. maillots de bain _____

PRONONCIATION ET ORTHOGRAPHE

The alphabet and the rhythm of French

A. L'alphabet et les accents. *Listen to the French alphabet.*

a b c d e f g h i j k l m n o p q r s t u v w x y z

Now listen and repeat.

Listen to the names of the accents used in French.

1. l'accent circonflexe /ê/ 2. l'accent aigu /é/ 3. l'accent grave /à/ 4. la cédille /ç/

B. Un test d'orthographe *(Spelling test). Now you're ready to take a French spelling test. The first four words are already written out. Write out the final four words you hear spelled.*

1. Mississippi

2. forêt

3. justice

4. très

5. _____

6. _____

7. _____

8. _____

C. Le rythme et l'accent. *English words have alternating stressed and unstressed syllables. Listen to the stress patterns of the following words, and underline where you hear the primary stress.*

1. university

2. impossible

3. impatience

4. uncertainty

5. movement

6. anticipation

French words, on the other hand, have evenly stressed syllables of equal length. The last syllable always receives primary stress. This produces a regular, stacatto pattern. Listen to the following words pronounced in English and then in French. Underline the stressed syllable in each word.

1. university   université

2. impossible   impossible

3. distinction   distinction

4. uncertainty   incertitude

5. impatience   impatience

6. anticipation   anticipation

Module 2
La vie
universitaire

COMPRÉHENSION AUDITIVE

Les distractions et comment exprimer ses préférences

Exercice 1. Un sondage. *Philippe Dussert is interviewing a fellow student, Bruno, about his leisure activities. First stop the tape and read the true/false statements. Now listen to the interview and mark each statement **vrai** or **faux**.*

Nouveau vocabulaire :

les clips   *music videos*
les suspenses   *suspense films*
la techno   *techno music*

Vrai ou faux ?

1. _____   Bruno aime aller au cinéma.

2. _____   Il aime les comédies.

3. _____   Il préfère les films d'amour.

4. _____   Il aime beaucoup la musique.

5. _____   La techno est sa musique préférée.

6. _____   Il regarde la télé.

7. _____   Il n'aime pas du tout les clips.

Le campus

Exercice 2. L'arrivée au campus. *Nadia, a young French woman, has just arrived at the residence hall of an American university. She calls home and lets her mother know what the facilities are like. Listen to the conversation between Nadia and her mother and mark the appropriate response to indicate what there is on campus.*

		oui	non
Il y a...			
1.	une grande résidence	_____	_____
2.	des étudiants étrangers	_____	_____
3.	beaucoup de Français	_____	_____
4.	une cafétéria, une salle de cinéma et une salle d'études	_____	_____
5.	une piscine olympique	_____	_____
6.	une salle de sports	_____	_____
7.	de grandes chambres	_____	_____

Exercice 3. Où êtes-vous ? *Where do the following conversations take place?*

1. _____   a. au stade

2. _____   b. au musée

3. _____   c. à la librairie

4. _____   d. à la cafétéria

                      e. à la bibliothèque

                      f. à l'amphithéâtre

Le calendrier

Exercice 4. Le calendrier scolaire. *Mathias and Marine are looking over their school calendar to plan their vacations. Listen to their conversation and match the important days in column A with the dates in column B.*

Nouveau vocabulaire :

la rentrée	*back to school*
le début	*beginning*
un jour férié	*holiday*
un congé	*day off*

	A		**B**
1. _____	la rentrée	a.	le 16 avril
2. _____	le premier jour férié	b.	le samedi 21 décembre
3. _____	le début des vacances d'hiver	c.	le lundi 15 septembre
4. _____	Pâques	d.	la Toussaint, le 1er novembre

Les cours

Exercice 5. On parle des cours. *Two students are discussing their classes. Put a check next to each of the courses below that you hear mentioned.*

_____ l'anglais   _____ la sociologie   _____ les mathématiques

_____ la biologie   _____ l'histoire   _____ la chimie

_____ le français   _____ les sciences politiques   _____ le droit

Exercice 6. Une fiche d'inscription. *You're helping the admissions officer of a summer program fill out registration forms. As the students answer questions, fill out the **fiche d'inscription.***

Fiche d'inscription

Nom : _____ Prénom : _____

Nationalité : _____

Date de naissance : _____1978

Profession : _____

Adresse : 11, rue de _____

Numéro de téléphone : _____

Exercice 7. Opinions. *A couple of students are talking about their classes, professors, and the university in general. Listen to their conversation and decide whether each statement is positive or negative.*

1. positif   négatif

2. positif   négatif

3. positif   négatif

4. positif   négatif

5. positif   négatif

6. positif   négatif

PRONONCIATION ET ORTHOGRAPHE

Intonation patterns for yes/no questions, and identifying negative sentences

A. Les questions. *In informal spoken French, you can ask yes/no questions simply by using a rising intonation pattern. Listen to the following statements and questions. Notice the falling intonation pattern of the statements and the rising contours of the questions.*

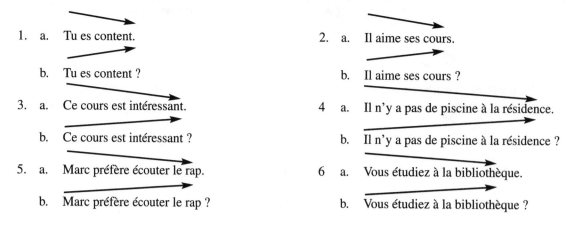

1. a. Tu es content.

   b. Tu es content ?

2. a. Il aime ses cours.

   b. Il aime ses cours ?

3. a. Ce cours est intéressant.

   b. Ce cours est intéressant ?

4. a. Il n'y a pas de piscine à la résidence.

   b. Il n'y a pas de piscine à la résidence ?

5. a. Marc préfère écouter le rap.

   b. Marc préfère écouter le rap ?

6. a. Vous étudiez à la bibliothèque.

   b. Vous étudiez à la bibliothèque ?

After hearing each statement again, use rising intonation to turn it into a question. Then compare your questions with those on the tape.

B. Les questions avec « est-ce que ». *Another way to form a question is by adding* **est-ce que** *in front of the statement.* **Est-ce que** *questions use a slightly more gradual rising intonation pattern.*

Listen to the following statements and questions.

1. a. Il a deux cours de biologie ce trimestre.

   b. Est-ce qu'il a deux cours de biologie ce trimestre ?

2. a. Ce n'est pas difficile.

   b. Est-ce que ce n'est pas difficile ?

3. a. Vous n'aimez pas les documentaires.

   b. Est-ce que vous n'aimez pas les documentaires ?

4. a. Tu n'écoutes pas la radio.

   b. Est-ce que tu n'écoutes pas la radio ?

Listen to the following bits of conversation. Put a question mark (?) in the blank if you hear a question. If you hear a statement, leave it empty.

1. _____

2. _____

3. _____

4. _____

5. _____

6. _____

7. _____

8. _____

C. La négation. *Negative sentences in French are created by putting* **ne** *before the verb and* **pas** *after it. Sometimes in casual speech the* **ne** *is omitted, leaving* **pas** *to mark the negation. Listen to the following sentences and decide whether they are negative or affirmative. Then write – or + in the appropriate space.*

1. _____

2. _____

3. _____

4. _____

5. _____

6. _____

7. _____

8. _____

D. Paragraphe à trous. *You will hear a passage in which Robert describes his life at the university three times. First, just listen. The second time, fill in the following paragraph with the missing words and phrases. Finally, listen and correct your answers.*

Bonjour. Je m'appelle Robert. Je suis _____ à l'université Laval au _____,

mais je _____ de nationalité _____. J'_____ beaucoup la

vie universitaire ici. Il y a _____ cafés, de bons restaurants et beaucoup de _____

étudiants comme moi. À la résidence on fait toujours la fête. Nous _____ de la musique et

_____ ensemble. Et puis il y a les discussions politiques. Nous _____

ensemble parfois jusqu'à deux heures du matin. Moi, je n'étudie pas ici parce qu' _____ trop de

bruit (*noise*). Je _____ aller à la bibliothèque.

Module 3
Chez
l'étudiant

COMPRÉHENSION AUDITIVE

La famille

Exercice 1. La famille de Christine. *Listen to the description of Christine's family and fill in the blanks with words from the following list. The description will be read twice. You do not need to spell out the numbers.*

femme	fille	cousine
grands-parents	fils	cousin
mari	16	oncle

1. Christine Monaud et son _____ Hervé ont deux enfants.

2. Leur _____ Jean a _____ ans et leur _____ Catherine en a 13.

3. Catherine et Jean aiment passer le week-end chez leurs _____ à la campagne.

4. Les deux enfants ont un _____, Nicolas, et une _____, Sarah.

5. Les enfants adorent leur _____ Jérémie. Il n'a pas de _____.

Exercice 2. La vieille maison. *M. Favel is taking a stroll in the countryside when he comes across a dilapidated house. Listen to his description, and fill in the blanks with **de, du, de la,** or **des**.*

1. Le jardin _____ maison est vaste.

2. Le vert _____ arbres est formidable, mais les fleurs _____ jardin sont fânées (*faded*).

3. Les rideaux _____ fenêtres sont tirés *(drawn)*, et les carreaux *(glass)* _____ quelques fenêtres sont cassées *(broken)*.

4. Une femme ouvre la porte _____ entrée.

5. L'expression _____ femme est troublée.

6. C'est la femme _____ gardien _____ maison.

Caractéristiques personnelles

Exercice 3. Comment est votre famille ? *Annick is describing her family. Circle the adjectives she uses to describe each family member.*

Père : sérieux   sympathique   agressif   intelligent   énergique   sens de l'humour

Mère : gentille   paresseuse   sérieuse   difficile   généreuse   compréhensive

Frère : sympathique   désagréable   bien élevé   égoïste   paresseux   timide   beau

Exercice 4. Annonces relations. *Michel and his friend Claire are having fun reading the personals section of their newspaper. Listen to the tape and jot down the age of the writer while noting the qualities he or she is looking for in a partner. Cross out the element in the description that does not apply.*

particuliers hommes   **description**

1. femme _____ ans, cherche homme   30 à 45 ans, intellectuel, généreux, cultivé, charmant, riche

2. femme _____ ans, cherche homme   intelligent, sportif, énergique, affectueux

3. femme _____ ans, cherche homme   beau, stable, qui aime nager, le cinéma et la conversation

particuliers femmes   **description**

4. homme _____ ans, cherche femme   sportive, qui aime le ski, le golf, le vélo, les voyages et le bridge

5. homme _____ ans, cherche femme   jolie, stable, tendre, patiente, qui aime les enfants

6. homme _____ ans, cherche femme   bien cultivée, élégante, calme, agressive

Exercice 5. Une interview sur votre famille.

A. *Listen to the following interview questions and jot down your answers in note form, stopping the tape when necessary.*

1. _____

2. _____

3. _____

4. _____

5. _____

B. *This time you will hear Claudine Ladoucette answer the same questions. Check off the places in your notes above where her answers correspond to yours.*

La chambre et les possessions

Exercice 6. Les déménageurs. *You overhear a client telling a representative from a moving company where to put her furniture. Look at the following drawing and cross out any objects that have not been put in the correct place.*

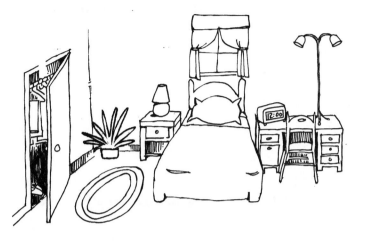

Exercice 7. Qu'est-ce qu'il faut apporter ? *Keith is putting together a list of things to buy for his year abroad in France. He calls his host mother, Mme Millot, to double-check on a few items. Write down each object mentioned and mark whether he should bring it or not.*

	objet	apporter	ne pas apporter
1.	_____	_____	_____
2.	_____	_____	_____
3.	_____	_____	_____
4.	_____	_____	_____
5.	_____	_____	_____
6.	_____	_____	_____

Les nombres à retenir

Exercice 8. France Télécom. *Listen to M. Renaud ask Information (**France Télécom**) for the following numbers and jot them down.*

1. Air France   _____ _____ _____ _____
2. Monoprix   _____ _____ _____ _____
3. Résidence Sextius _____ _____ _____ _____
4. Le musée d'Orsay   _____ _____ _____ _____

PRONONCIATION ET ORTHOGRAPHE

Silent letters in **-er** verbs and feminine endings

A. Les lettres muettes *(silent letters)* dans les verbes -er. *One of the difficulties in learning to pronounce French is deciding which final letters to pronounce. In French, most final consonants are silent. Notice that the forms of the verb **parler** shown in the boot below all sound the same even though they are spelled differently. This is because they have silent endings: **je parlé, tu parlés, il parlé, ils parlént, elles parlént.** Only the **nous** and **vous** forms have endings that you can hear: **nous parlons, vous parlez.***

parler *(to speak)*

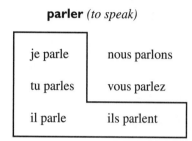

je parle	nous parlons
tu parles	vous parlez
il parle	ils parlent

Pronounce the following verbs and then check your pronunciation against what you hear on the tape.

1. j'aime
2. tu changes
3. nous arrivons
4. elle regarde

5. ils chantent
6. nous écoutons
7. vous imaginez

8. ils détestent
9. elles jouent
10. tu décides

B. Les terminaisons féminines *(feminine endings).* *In French, the ends of words carry important gender information. Many masculine words that end in a vowel sound have a feminine equivalent that ends in a consonant sound. This is because the addition of the feminine **-e** causes the final consonant to be pronounced (for example, the masculine/feminine pair **japonais/japonaise**). Listen to the following adjectives and indicate whether they are masculine or feminine by circling **M** or **F**.*

1. M   F
2. M   F
3. M   F
4. M   F
5. M   F

6. M   F
7. M   F
8. M   F
9. M   F
10. M   F

Module 4
Travail
et
loisirs

COMPRÉHENSION AUDITIVE

Les métiers

Exercice 1. Qui parle ? *Listen as several people talk about their jobs and circle the name of their profession. As you are not expected to understand the entire passage, just listen for key words.*

1. une femme d'affaires	un professeur	une infirmière	une artiste
2. un photographe	un prêtre	un instituteur	un chanteur
3. un ouvrier	un journaliste	un cadre	un avocat
4. un homme politique	un pilote	un agriculteur	un vendeur
5. un chômeur	un médecin	un informaticien	un agent de police
6. une architecte	une secrétaire	une mécanicienne	un juge

Les lieux de travail

Exercice 2. En ville. *Look at the town map and respond **vrai** (true) or **faux** (false) to the statements you hear.*

	vrai	faux			vrai	faux
1.	_____	_____		5.	_____	_____
2.	_____	_____		6.	_____	_____
3.	_____	_____		7.	_____	_____
4.	_____	_____				

Exercice 3. Ma journée. *The Deroc family members have busy schedules today. Listen as they describe where they plan to go and number the places listed below 1–4 in order.*

1. Agnès Deroc   _____   le café

       _____   la banque

       _____   l'hôpital

       _____   la poste

2. Michel Deroc   _____   la mairie

       _____   le restaurant

       _____   l'usine

       _____   le commissariat de police

3. Christine Deroc   _____   l'église

       _____   la maison

       _____   le lycée

       _____   le supermarché

Comment dire l'heure

Exercice 4. L'heure. *You will hear the time given in five sentences. Write the number of the sentence in the blank under the clock that corresponds to the time you hear.*

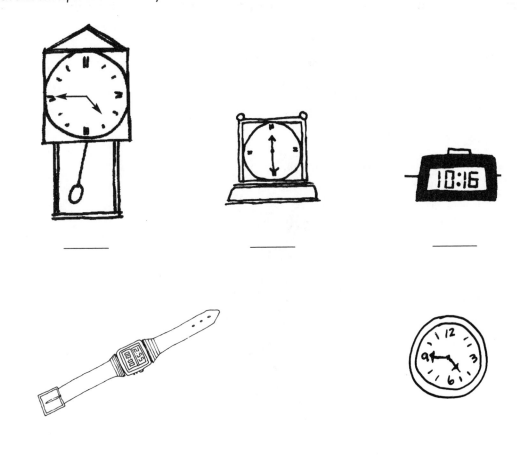

_____   _____   _____

_____   _____

Exercice 5. Horaire de travail. *Micheline is starting a new job tomorrow and she asks her new boss about the daily work schedule. Fill in the times below on her schedule.*

Nouveau vocabulaire :

une pause	*coffee break*
une réunion du personnel	*staff meeting*

_____   arrivée au bureau

_____   ouverture du bureau

_____   pause (café)

_____   déjeuner

_____   réunion du personnel

_____   fermeture du bureau

_____   retour à la maison

Les loisirs

Exercice 6. Activités du samedi. *What are your friends at the* **résidence universitaire** *doing on Saturday afternoon? Answer the questions you hear and say what each person is doing according to the pictures below. Then compare your response with the one that follows.*

Modèle : Vous entendez : Martin, qu'est-ce qu'il fait ?
Vous voyez :

Vous dites : **Il joue au football.**
Vous entendez : Il joue au football.

1.

2.

3.

4.

5.

6.

Les projets

Exercice 7. Aide-moi ! *Caroline needs her brother's help on Wednesday afternoon. Check off the things she plans to do if he will help her with her household chores.*

_____ jouer de la guitare

_____ faire des courses

_____ retrouver des amis à la bibliothèque

_____ jouer au tennis

_____ aller au centre-ville

_____ jouer au squash au club de sport

_____ regarder la télé

_____ faire le ménage

_____ aller au magasin de disques

_____ acheter un jean et des chaussures

_____ acheter une nouvelle robe

PRONONCIATION ET ORTHOGRAPHE

French vowels [a, e, i] and listening for masculine and feminine cues

A. Les voyelles françaises (introduction). *In French, vowels are pronounced with more tension and are more crisp than in English. English speakers often pronounce vowels with a diphthong or glide from one sound to another. In contrast, French vowels immediately hit their target sound. To pronounce a pure French vowel, hold your jaw steady to avoid gliding. Compare the following English–French pairs.*

English	French
mat	maths
say	ses
sea	si
bureau	bureau

In this introduction to French vowels, you will practice three vowel sounds: /a/, /e/, /i/.

La voyelle /a/

*The sound /a/ is written with the letter **a** (also **à, â**) and has the same pronunciation whether it is at the beginning, middle, or end of a word. The word **femme** also contains this vowel sound. Listen to the following English–French pairs to contrast the various pronunciations of **a** in English with the consistent French /a/.*

English	French
madam	madame
sociable	sociable
Canada	Canada
phrase	phrase

*Now repeat these words with **a**, remembering to keep your jaw steadily in place.*

Anne	radio	appartement	femme
âge	adresse	avril	promenade
camarade	cinéma	ma mère	elle va à Paris

La voyelle /e/

The sound /e/ begins higher and is more tense than its English equivalent. Compare the following.

English	French
may	mes
say	ses
lay	les

As you pronounce the following words, note that /e/ may be spelled **-er, -é, -ez, -et,** *and* **-es.**

désolé	vous chantez	la télé
musée	ses idées	et
aller	chez Mémée	aéroport

La voyelle /i/

The vowel sound /i/ is pronounced high like /e/ but with your lips more spread as in a smile. Compare the following pairs, noting the absence of diphthongs in French.

English	French
key	qui
sea	si
knee	ni

Note that /i/ may be spelled **i** *(or* **ï***) or* **y.** *Listen and repeat the following.*

midi	pique-nique	bicyclette	timide
minuit	guitare	lit	il habite
lycée	tapis	disque	il y a

B. Masculin ou féminin ? *Job titles often have masculine and feminine forms that follow patterns similar to those of adjectives. Some forms do not vary. Listen to the following masculine and feminine pairs and repeat.*

un avocat	une avocate
un informaticien	une informaticienne
un infirmier	une infirmière
un secrétaire	une secrétaire

Remember that you may also hear other clues to help you understand whether the person being described is male or female: the subject pronoun **il(s)/elle(s)** *and the indefinite article in the structure* **c'est un(e).**

Listen to the statements that follow and mark whether the person described is male or female.

	masculin	féminin
1.	_____	_____
2.	_____	_____
3.	_____	_____
4.	_____	_____
5.	_____	_____
6.	_____	_____
7.	_____	_____
8.	_____	_____

C. Dictée partielle. *Michèle is describing her brother Éric. On the first reading, just listen. The second time, fill in the blanks with the words you hear. Finally, on the third reading, correct your answers.*

Mon frère Éric _____ _____ ans. _____ _____

_____ au magasin de vidéos où il travaille du _____ au _____, de

_____ à _____. Il aime bien son travail parce que _____ _____ vrai

amateur de cinéma. Il connaît tous _____ _____ _____ et _____.

Le week-end quand Éric _____ ses amis, ils _____ _____ _____

ou _____ _____ des vidéos ensemble. Je suis sûre qu'un jour il _____ ____

_____ _____, mais pour le moment, il rêve de _____ _____

_____ à Hollywood pour voir les studios hollywoodiens.

Module 5
On
sort ?

COMPRÉHENSION AUDITIVE

Au téléphone

Exercice 1. Tu es libre ? *Samia calls her friend Karine to make some plans. Listen to her telephone conversation and choose the best answer.*

1. Quand Samia téléphone à Karine,

    a. la mère de Karine répond.
    b. Karine n'est pas là.
    c. elle laisse un message pour Karine.

2. Samia a un(e)

    a. nouvel ami.
    b. nouveau piano.
    c. nouvelle bicyclette.

3. Samia invite Karine à

    a. faire une promenade dans le parc.
    b. faire du vélo.
    c. jouer du piano.

4. Karine doit

    a. rester à la maison avec ses parents cet après-midi.
    b. travailler cet après-midi.
    c. aller à une leçon de piano cet après-midi.

5. Karine et Samia décident de

    a.   sortir demain.

    b.   rentrer à trois heures.

    c.   partir à trois heures.

Exercice 2. C'est qui à l'appareil ? *Listen to each phone message and identify the party you reach by writing the appropriate letter in the blank.*

1. _____

2. _____

3. _____

4. _____

5. _____

6. _____

a.   la météorologie nationale

b.   votre futur employeur, L'Oréal France

c.   votre médecin, Mme Clermont

d.   votre garagiste, M. Fréchaut

e.   une amie de la fac, Clémentine

f.   votre compagnie de téléphone

g.   votre propriétaire, M. Chaumette

Comment inviter

Exercice 3. Où aller ? *You will hear several conversations in which people discuss plans. Listen and circle the place in column A or B where each couple decides to go.*

A	B
1. au concert	au cinéma
2. au match de foot	chez un ami
3. en ville	à la bibliothèque

Exercice 4. Répondez, s'il vous plaît. *Véronique has invited a group of friends for dinner at her house Saturday night. Listen to the messages left on her answering machine and check off whether or not the following people can come or if they are not yet sure.*

	oui	non	indécis(e)
Jean			
Yvonne			
Henri			
Rachid			
Rose			
Karima			

Rendez-vous au café

Exercice 5. Conversations au café. *While in the café near school you overhear a number of conversations. Identify the situation that is occurring in each conversation by writing the appropriate letter in the blank.*

1. _____

2. _____

3. _____

4. _____

5. _____

   a. getting a seat in a café

   b. ordering something to drink

   c. striking up a conversation

   d. asking for the check

   e. saying good-bye

La météo

Exercice 6. Météo pour le week-end. *As you are trying to make plans for a weekend outing in the south of France, you listen to the weather report to decide whether to go to the beach, the mountains, or the island of Corsica. On the map below, jot down the weather conditions and temperatures given for the cities marked. You may need to listen to the tape more than once. Then decide where you would like to go and fill in the sentence with your choice and a brief explanation.*

Vocabulaire

temps instable
vents légers *(light)*
ciel nuageux *(cloudy sky)*
éclaircies *(bright intervals)*
ensoleillé *(sunny)*
températures douces *(mild)*
à verses *(showers)*

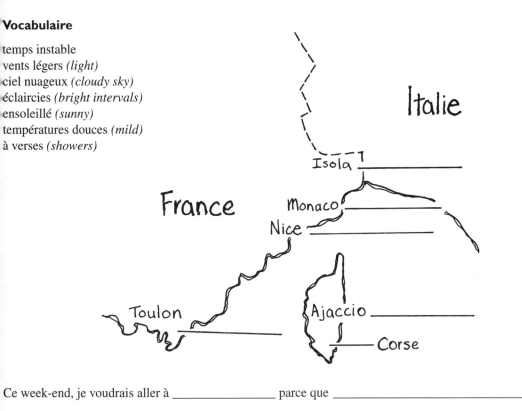

Ce week-end, je voudrais aller à _____ parce que _____.

Comment faire connaissance

Exercice 7. Un ami curieux. *A friend asks you lots of questions about your weekend plans. Select and read aloud the response that best answers the question you hear.*

Modèle : Vous entendez :   Est-ce que tu restes ici ce week-end ?
            Vous choisissez et vous dites : _____ Oui, je suis étudiante.
                                   __✓__ **Non, je pars.**
                                   _____ Non, j'aime danser.

1. _____ À l'heure.

   _____ À Dallas.

   _____ À six heures.

2. _____ Vendredi après-midi.

   _____ Dans un mois.

   _____ En retard.

3. _____ On prend la voiture.

   _____ On prend un café.

   _____ 400 kilomètres.

4. _____ Avec le bus.

   _____ Avec ma cousine Martine.

   _____ Avec mes livres de chimie.

5. _____ Elle va bientôt à Paris.

   _____ Elle est banquière.

   _____ Elle va bien.

6. _____ Oui, elle finit ses études en juin.

   _____ Oui, elle a 27 ans.

   _____ Non, elle n'est plus chez lui.

7. _____ Parce que nous devons voir notre tante.

   _____ Nous sommes fatiguées.

   _____ On va voir un concert de REM.

8. _____ Oui, pourquoi pas ?

   _____ Oui, il fait beau.

   _____ Oui, il y a un concert.

PRONONCIATION ET ORTHOGRAPHE

The French vowels [o] and [u]; question patterns (Suite), and the pronunciation of **vouloir, pouvoir, devoir,** and **prendre.**

A. Les voyelles françaises (suite). *The vowel sounds /o/ and /u/ are pronounced with rounded lips.*

La voyelle /o/

When pronouncing the sound /o/, round your lips and keep your jaw in a firm position so as to avoid making the diphthong /o^w/ that is common in English.

English	French
hotel	hôtel
tow	tôt

There are a number of spellings for this sound, including **o** *(and* **ô**)*,* **au**, **eau***. Repeat the following words.*

au bureau	beau	photo	fauteuil
chaud	jaune	jumeaux	piano
nos stylos	chauffeur	vélo	météo

La voyelle /u/

The sound /u/ (spelled **ou, où**, *or* **oû**) *is produced with rounded lips and more tension than its English equivalent, as you can hear in the following.*

English	French
sue	sous
too	tout
group	groupe

Listen and repeat the following.

jour	nous écoutons	ouvert	nouvelle
août	rouge	épouse	au-dessous
cours	vous jouez	d'où êtes-vous	retrouver

B. La combinaison oi. *The vowel combination* **oi** *(or* **oy***) is pronounced /wa/. One exception to this pattern is in the word* **oignon** *where* **oi** *is pronounced like the* **o** *in* **pomme***. Listen and repeat the following.*

moi	vouloir	foyer	loyer
toi	devoir	pouvoir	noir
boîte	oignon	poire	froid
mois	avoir	trois	Renoir

C. Les questions (suite). *You have already seen how intonation, the rising or falling pitch within a sentence, is used to communicate yes/no questions. Listen to the following questions and indicate whether the intonation rises or falls at the end.*

	rising	falling
1. Tu veux sortir ce soir ?	_____	_____
2. Est-ce que tu aimes faire la cuisine ?	_____	_____
3. À quelle heure est-ce que le film commence ?	_____	_____
4. Est-ce qu'il joue au tennis ?	_____	_____
5. Où est le concert ?	_____	_____
6. Qui est à l'appareil ?	_____	_____
7. Vous prenez du café ?	_____	_____
8. Pourquoi allez-vous au parc ?	_____	_____

As explained in Module 2, yes/no questions such as 1, 2, 4, and 7 have rising intonation. Notice that in questions that ask for information such as 3, 5, 6, and 8, the question word begins at a high level but then the intonation falls.

Listen and repeat the following information questions using the patterns given above.

1. Qu'est-ce que tu fais ?

2. Quelle est sa nationalité ?

3. Avec qui est-ce que tu vas au cinéma ?

4. Comment va-t-il ?

5. Quand Nicole arrive-t-elle ?

6. D'où venez-vous ?

Now listen to the intonation of the following questions and mark whether they are yes/no questions or questions that ask for information.

oui/non   **information**

1. _____   _____

2. _____   _____

3. _____   _____

4. _____   _____

5. _____   _____

6. _____   _____

D. Singulier ou pluriel ? In this module, you were introduced to a number of frequently used irregular verbs such as **vouloir** and **prendre.** These verbs have two stems, one for the **nous/vous** form and one for the other forms. Repeat the conjugation of **vouloir,** noticing the difference between the singular and plural.

je veux	nous voulons
tu veux	vous voulez
il veut	ils veulent

The present-tense conjugation of the verb **pouvoir** is very similar. Listen and repeat.

je peux	nous pouvons
tu peux	vous pouvez
il peut	ils peuvent

Note the two stems of the verb **devoir** as you repeat the following.

je dois	nous devons
tu dois	vous devez
il doit	ils doivent

When pronouncing the forms of the verb **prendre,** contrast the nasal vowel of the singular forms with the **n** sound in the plural.

je prends	nous prenons
tu prends	vous prenez
il prend	ils prennent

Now listen to these sentences and indicate whether the verb you hear is singular or plural.

singulier   **pluriel**

1. _____   _____

2. _____   _____

3. _____   _____

4. _____   _____

5. _____   _____

6. _____   _____

7. _____   _____

8. _____   _____

Module 6
Qu'est-ce qui s'est passé ?

COMPRÉHENSION AUDITIVE

Hier

Exercice 1. Hier soir. *Look at the pictures to decide whether the people mentioned took part in the following activities yesterday.*

> **Modèle :** Vous entendez : J'ai joué au foot, et Marc ?
>   Vous dites :   **Il n'a pas joué au foot.**

1.

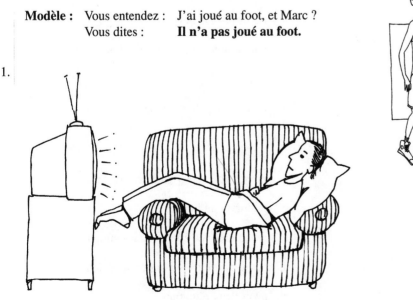

2.

3.

4.

5.

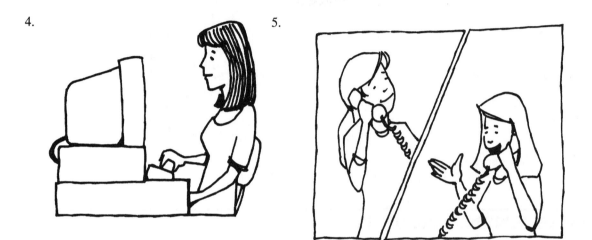

Exercice 2. Une journée active. *Cédric had a busy day yesterday. Listen to him describe his day and put his activities in the correct order.*

A. Le matin

1. _____
2. _____
3. _____
4. _____
5. _____

  a. aller à la salle de sport

  b. partir pour le bureau

  c. parler au téléphone avec son père

  d. lire le journal

  e. prendre le petit déjeuner

B. L'après-midi

1. _____
2. _____
3. _____
4. _____
5. _____

  a. prendre un apéro avec des copains

  b. retourner au bureau

  c. rencontrer des clients au restaurant

  d. écrire des lettres et parler au téléphone

  e. avoir deux réunions

Comment raconter une histoire

Exercice 3. Dans la salle d'attente. *You are sitting in a waiting room, eavesdropping on the conversations around you. First stop the tape to read the reactions listed here. Then listen to the comments and select an appropriate reaction.*

réponses

1. _____

2. _____

3. _____

4. _____

5. _____

a. Vraiment ? Félicitations !

b. Non ! Qu'est-ce qui s'est passé ?

c. Oui ? Alors, parle !

d. Oh là là !

e. Mais comment ça ? Elle est nulle !

f. Oui ? Raconte-moi ce qu'il a dit.

Now listen to the comments and reactions on the tape.

Exercice 4. La route des Montaud. *Listen to M. Montaud talk about his ill-fated trip to* **Les Pins.** *Trace the route with your pencil.*

Exercice 5. Chez le commissaire de police. *In the course of investigating Alain's friend Marc, the police have brought Alain in for questioning.*

A. *Listen to the policeman's questions and jot down Alain's answers as if you were taking notes for a police report.*

> **Modèle :** Vous entendez : Qu'est-ce que vous avez fait hier soir ?
> —Je suis allé au bar.
> Vous écrivez : **Il est allé au bar.**

Notes

1. _____

2. _____

3. _____

4. _____

5. _____

6. _____

B. *Now your superior is questioning you about the investigation. Refer to your notes to respond orally to his questions during the pause. Then listen to the complete dialogue to verify your answers.*

Les informations

Exercice 6. Comment se renseigner ? *You will hear a series of incomplete sentences. Select the appropriate completions.*

1. _____   a. *Paris Match*

2. _____   b. au kiosque

3. _____   c. le journal télévisé est pour vous

4. _____   d. un hebdomadaire

5. _____   e. un quotidien

                             f. *Le Monde*

Exercice 7. Les nouvelles. *Listen to the following segments from news broadcasts and assign them to the appropriate news category. Try to write down one or two words you understand from each report (in English or French).*

Rubriques : sport, économie, monde, art et culture, gastronomie

1. rubrique : _____   4. rubrique : _____

     mots : _____   mots : _____

2. rubrique : _____   5. rubrique : _____

     mots : _____   mots : _____

3. rubrique : _____

     mots : _____

PRONONCIATION ET ORTHOGRAPHE

Comparing the pronunciation of French and English cognates, listening for past-tense endings

A. Mots apparentés. *As you have already seen, French and English have many words in common. A number of these words share a common suffix whose pronunciation differs slightly. Learning these cognates in groups will dramatically increase your French vocabulary.*

-tion. *English words ending in **-tion** generally have a French equivalent. French words with this suffix are always feminine. When pronouncing them, be sure to avoid producing the **-sh** sound of the English equivalent.*

Listen to the following words pronounced in English and then in French. Notice that in the French words, each syllable is evenly stressed.

English	French
nation	nation
equitation	équitation
pollution	pollution

Now repeat the following words.

la nation	l'évaluation
la réputation	la promotion
la motivation	l'institution
la caution	la fédération
l'obligation	l'organisation

-ité. *Another common French ending is **-ité**, equivalent to **-ity** in English. This is also a feminine ending that refers generally to abstract ideas.*

Compare the English and French pronunciation of the following words. Notice that the English words have stressed and unstressed syllables, whereas the syllables in the French words are evenly stressed.

English	French
capacity	capacité
morality	moralité
possibility	possibilité

Now repeat after the French model, making sure not to reduce any of the vowels. The primary stress will fall on the final syllable.

la liberté	la fatalité
l'égalité	la finalité
la fraternité	l'identité
l'amitié	la personnalité
la vérité	l'inflexibilité

-isme. *The ending* **-isme,** *a third suffix shared by French and English, is frequently associated with social, political, and religious institutions. Words with this ending are always masculine.*

Repeat the following words.

le communisme	le christianisme
le capitalisme	le libéralisme
le populisme	le socialisme
le bouddhisme	l'hindouisme

B. Test d'orthographe. *Write out the following cognates. Each word will be read twice.*

1. _____

2. _____

3. _____

4. _____

5. _____

6. _____

7. _____

8. _____

C. Passé ou présent ? *French has several cues to let you know whether a speaker is talking about the past or the present. Among these are context, adverbs (**hier, la semaine dernière, déjà**), the auxiliary verb (**être** or **avoir**), and the past participle. Because **-er** verbs are so common, the **-é** sound at the end of a phrase group is an excellent cue to listen for.*

Listen to the following sentences and indicate whether they are about the past or the present by marking the appropriate box.

	présent	passé
1.		
2.		
3.		
4.		
5.		
6.		
7.		
8.		

D. Dictée partielle. What happened Saturday evening? The selection will be read once with pauses for you to write what you hear and a second time without pauses for you to check your work.

Samedi soir nous nous sommes bien amusés. Des copains _____ et

nous avons tous dîné ensemble. Jacquot _____ sa collection CD et Hervé

_____ du vin. Moi, _____ des spaghettis et une salade. On _____

de la musique pendant le dîner. Puis Juliette a commencé à chanter. Jacquot _____ ses disques de

_____ et on a dansé. Vers une heure du matin, le vieux couple d'à côté, s'est plaint *(complained)* du bruit.

On a donc coupé la musique et _____.

Module 7
On
mange
bien

COMPRÉHENSION AUDITIVE

Manger pour vivre

Exercice 1. Les cinq groupes alimentaires. *Food is a popular topic of conversation. Identify the category of the food item you hear mentioned in the sentences that follow.*

	légumes	fruits	produits laitiers	viandes	céréales
1.	_____	_____	_____	_____	_____
2.	_____	_____	_____	_____	_____
3.	_____	_____	_____	_____	_____
4.	_____	_____	_____	_____	_____
5.	_____	_____	_____	_____	_____
6.	_____	_____	_____	_____	_____
7.	_____	_____	_____	_____	_____
8.	_____	_____	_____	_____	_____
9.	_____	_____	_____	_____	_____
10.	_____	_____	_____	_____	_____

Les courses

Exercice 2. Chez les petits commerçants. *Listen to the following shopping conversations and identify where each takes place.*

1. au marché	à l'épicerie	à la boulangerie	à la charcuterie
2. au marché	à l'épicerie	à la boulangerie	à la charcuterie
3. au marché	à l'épicerie	à la boulangerie	à la charcuterie
4. à la boucherie	à l'épicerie	à la boulangerie	à la charcuterie

À table

Exercice 3. Une conversation à table. *Béatrice has invited Serge and José to dinner. Listen to their dinner conversation and select the best option to complete the sentences that follow.*

Nouveau vocabulaire :

basquais	*typical of the Basque region in the southwest part of France*
le Midi	*the south of France*
des pluies torrentielles	*torrential rains*
les vacances	*vacation*
faire du camping	*to go camping*

1. Serge aime son cours de philosophie parce qu(e)

   a. on doit répondre à des questions intéressantes.
   b. on doit passer des examens difficiles.
   c. le professeur est gentil.

2. Pour le dîner, les amis mangent du poulet,

   a. des haricots et de la salade.
   b. du riz et du pain.
   c. des frites et du pain.

3. Serge annonce que selon la météo, il va

   a. faire beau.
   b. pleuvoir.
   c. y avoir du brouillard.

4. José n'aime pas beaucoup

   a. rester à l'hôtel.
   b. voyager dans le Sud-Est.
   c. faire du camping.

5. Béatrice propose une solution :

   a. passer une semaine chez sa tante à Nice.
   b. attendre le beau temps pour faire du camping.
   c. passer deux semaines à Nice.

Exercice 4. Un dîner spécial. *You invite your boyfriend or girlfriend for dinner with your family. Unfortunately, your little brother is misbehaving at the table. Tell him what to do or not to do in the situations you hear. Then compare your statement to the one given.*

> **Modèle :** Vous entendez : Il commence à manger avant les autres.
> Vous dites : **Ne commence pas à manger avant les autres.**
> Vous entendez : Ne commence pas à manger avant les autres.

Les plats des pays francophones

Exercice 5. Une liste de courses. *Your housemate reads out a list of ingredients for* **salade niçoise.** *Check off the items on your shopping list that you need for this dish.*

_____ poivron jaune

_____ salade

_____ pommes de terre

_____ tomates

_____ concombre

_____ carottes

_____ haricots verts

_____ oignons

_____ poivron vert

_____ moutarde

_____ filets d'anchois

_____ poivre

_____ mayonnaise

_____ vinaigre

_____ huile d'olive

_____ citron

_____ oranges

_____ sel

Comment se débrouiller à table

Exercice 6. Avez-vous soif ou faim ? *Listen to the orders and indicate if the person is thirsty or hungry.*

1. il a soif   il a faim

2. elle a soif   elle a faim

3. ils ont soif   ils ont faim

4. elles ont soif   elles ont faim

5. il a soif   il a faim

PRONONCIATION ET ORTHOGRAPHE

Distinguishing between **du, des,** and **de; la lettre h**

A. De/du/des. *In using partitive articles, you need to clearly distinguish* **du, des,** *and* **de.**

You have already practiced the **e** *sound in* **des** *in Module 4; remember to pronounce /e/ with more muscular tension than in English. Listen and repeat.*

des amis   des céréales   des entrées

des pommes   mangez des légumes

The **u** *in* **du** *is a high vowel that does not exist in English. A simple way to learn to pronounce this sound is to begin by pronouncing the French vowel* **i** *and then to round your lips. When you pronounce this sound, whose phonetic alphabet symbol is /y/, your jaws are steady and the tip of your tongue is behind your lower teeth. Remember to make a crisp sound and not to glide. Listen and repeat the following.*

du   bureau   occupé   musée

musique   d'habitude   numéro   une jupe

The **e** of **de** is lower and more relaxed, similar to the schwa /ə/ in English. It is also called **e instable** because it is sometimes not pronounced and it contracts when followed by a vowel sound. This contraction is know as **élision**. Repeat the following.

pas de café	de la salade	trop de sucre
pas d'eau	de l'eau	une tasse de thé

Now listen to the following advice on breakfast from a nutritionist and underline the article you hear.

Si vous avez une vie active, il vous faut un petit déjeuner vitaminé. Pour commencer, prenez un verre (d', de, du, des) jus d'orange ou si vous préférez, consommez (d', de, du, des) fruits frais. Ils ont beaucoup de vitamine C, important pour la bonne humeur et les muscles. Ajoutez un yaourt pour le calcium et deux tranches (d', de, du, des) pain complet. Les fibres facilitent la digestion. N'utilisez pas (d', de, du, des) beurre ; prenez plutôt (de la, de, du, des) margarine. Comme boisson, (d', de, du, des) café ou (d', de, du, des) thé avec (d', de, du, des) lait demi-écrémé. Vous avez encore faim ? Prenez (d', de, du, des) œufs—sauf si vous avez (d', de, du, des) cholestérol—ou un petit morceau (d', de, du, des) fromage. Comme ça, vous aurez assez (d', de, du, des) énergie pour une matinée pleine d'activités.

B. La lettre h. The letter **h** is never pronounced in French. Listen and repeat the following.

thon	histoire	thé
cahier	maths	Nathalie
sympathique	heure	Thierry

Most French words beginning with a mute **h** or **h muet** are treated like words beginning with a vowel; you use the singular definite article **l'** and pronounce the liaison with the plural article **les**.

l'horaire   les hommes

In some words—generally of Germanic origin—the **h** is said to be an **h aspiré**. Although it is not actually aspirated, it acts like a consonant, blocking both elision and liaison.

le homard (lobster)   les haricots

Words beginning with **h aspiré** are often marked in dictionaries with an asterisk (*). A few common words with **h aspiré** are **haricot, hors-d'œuvre, hamburger,** and **huit**. Pronounce the following words with **h muet** (and liaison) or **h aspiré** (no liaison) after the speaker.

l'hôpital	les Hollandais	les hors-d'œuvre
le hamburger	l'hiver	les hôtels
dix heures	le hockey	les huit livres
l'homme	l'huile	nous habitons

C. Dictée partielle. Holidays are often a time for celebrating with traditional foods. Marie Élyse talks about what happens to her diet during the holidays. This selection will be read once with pauses for you to write what you hear, and a second time without pauses for you to check your work.

Nouveau vocabulaire :

une bûche de Noël   cake in the form of a yule log

D'habitude, j'ai un régime modéré. _____ manger _____ et des fruits

frais, _____ et du yaourt. Mais pendant les fêtes de fin d'année, _____

de résister à la tentation et _____ beaucoup _____. On _____

chez ma grand-mère, chez mes tantes et aussi chez des amis, et tout le monde prépare _____

exceptionnels. Il y a toujours _____, de la dinde ou _____,

des plats avec des sauces à _____ et au beurre, _____ et

naturellement, une belle bûche de Noël. C'est probablement à cause de ces excès qu'_____

de bonnes résolutions le premier janvier.

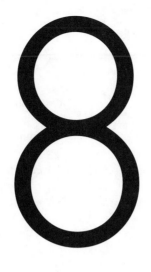

Module 8
Souvenirs

COMPRÉHENSION AUDITIVE

Souvenirs d'enfance

Exercice 1. Jean-Claude raconte ses souvenirs d'enfance. *You are going to hear Jean-Claude reminisce about his childhood. First, stop the tape and study the list of childhood memories. Check the **moi** column for the memories that apply to you. Now listen to the recording and check off those recalled by Jean-Claude.*

	moi	Jean-Claude
1. J'avais une enfance heureuse.	_____	_____
2. Ma mère ne travaillait pas.	_____	_____
3. Beaucoup d'enfants habitaient près de chez nous.	_____	_____
4. J'aimais l'école.	_____	_____
5. Après l'école j'avais des leçons.	_____	_____
6. Je grimpais aux arbres et je jouais à cache-cache.	_____	_____
7. Il y avait un gamin *(kid)* qui terrorisait les autres enfants.	_____	_____

L'album de photo

Exercice 2. Un album de classe américain. *Drew, an American living in France, is sharing his high-school yearbook with Nguyen, a French friend. As he answers Nguyen's questions about several pictures, decide which section of the yearbook he is describing.*

1. _____

2. _____

3. _____

4. _____

    a. French club

    b. honor society

    c. student government

    d. cheerleaders

    e. most likely to succeed

    f. field trip

Exercice 3. Les vacances en Provence. *Two cousins reminisce about the vacations they spent together in Provence. Before listening to their conversation, stop the tape and select from the elements given to complete the dialogue. Then listen to the recording to verify your answers.*

NATHAN   Est-ce que tu _____ de nos vacances passées à Toulon chez tante Esther ?

    a. te rappelles
    b. te souviens
    c. réfléchis

SÉBASTIEN   Oh oui ! J'ai _____ de cette époque-là. Si je ferme les yeux, je peux toujours voir les champs de tournesols *(sunflower fields)* autour de sa maison.

    a. de très bons souvenirs
    b. de mauvais souvenirs
    c. des vacances

NATHAN   Tu _____ la fois où on a pris le train pour aller à la plage à Marseille ?

    a. réfléchis un peu
    b. te souviens
    c. te rappelles

SÉBASTIEN   À Marseille ? Tu es sûr que c'était moi ? Attends, _____. Ah si ! Ça y est ! Quelle histoire ! Nous avons invité des filles à aller dans un café avec nous. Et après il ne nous restait pas assez d'argent pour le bus. Il a fallu téléphoner à tante Esther.

    a. je ne m'en souviens pas
    b. laisse-moi réfléchir un peu
    c. non, pas du tout

NATHAN   Exactement ! _____ ! Elle était si fâchée contre nous !

    a. Quelle journée bizarre
    b. Quel mauvais souvenir
    c. Tante

Comment montrer l'irritation

Exercice 4. Qu'est-ce qui l'énerve ? *Camille is feeling stressed out today and everything is getting on her nerves. First, read through the annoyances Camille has had to face today. Then, listen to her reactions and match them to the appropriate event.*

1. _____

2. _____

3. _____

4. _____

5. _____

a. Son petit frère lui demande pour la cinquième fois de l'emmener chez son copain.

b. Sa co-locataire met la radio trop fort.

c. Quelqu'un qu'elle ne connaît pas l'aborde dans la rue et lui demande son nom et son numéro de téléphone.

d. Elle doit écrire trois rédactions ce week-end.

e. Sa voiture est tombée en panne encore une fois.

Exercice 5. Moi et mon cousin Jérome. *Alceste is comparing certain aspects of his and his cousin Jérome's childhood. Check the appropriate column from Alceste's perspective.*

	+ plus	– moins	= aussi
1. maison (proche)	_____	_____	_____
2. voiture (vielle)	_____	_____	_____
3. voiture (grande)	_____	_____	_____
4. maths (fort)	_____	_____	_____
5. langues (fort)	_____	_____	_____
6. familles (supers)	_____	_____	_____

Exercice 6. Votre meilleur(e) ami(e). *Do you communicate regularly with your best friend? Listen to the question and circle the appropriate pronoun to use in your answer. After the question is repeated, respond orally.*

Modèle : Vous entendez : Vous donnez des cadeaux d'anniversaire à vos ami(e)s ?
Vous choisissez : lui (leur) le la l' les
Vous entendez : Vous donnez des cadeaux d'anniversaire à vos meilleur(e)s ami(e)s ?
Vous dites : **Oui, je leur donne des cadeax d'anniversaire.**

1. lui   leur   le   la   l'   les

2. lui   leur   le   la   l'   les

3. lui   leur   le   la   l'   les

4. lui   leur   le   la   l'   les

5. lui   leur   le   la   l'   les

Souvenirs d'une époque

Exercice 7. Identifiez l'époque ! *You will hear people talking about their memories of the era in which they came of age. They are speaking in the order given below. Match each person to the appropriate era.*

1. _____ Agnès Montagner

2. _____ Bernard Lévy

3. _____ André Chastel

a. les années 20

b. les années d'après-guerre

c. les années 90

d. les années 60

e. les années 80

Exercice 8. Description ou événement ? *Listen to the following passages and check whether they are primarily discussing how things were (**description**) or what happened (**événement**).*

Nouveau vocabulaire :

à bout de nerfs   *at wit's end*

1. description   événement

2. description   événement

3. description   événement

PRONONCIATION ET ORTHOGRAPHE

Rhythmic groups, juncture, and linking syllables into sense groups

A. Le groupe rythmique. *When listening to French, individual word boundaries are blurred in the sound stream. One reason for this is that French groups syllables into larger sense groups called **groupes rythmiques,** which ignore word boundaries. Notice how the following sense groups are divided into syllables.*

1. Il est impossible.   I｜l es｜t im｜po｜ssible.

2. Patrick est avec Arnaud.   Pa｜tri｜ck es｜t a｜ve｜c Ar｜naud.

3. Ma mère a deux enfants.   Ma｜mè｜re a｜deu｜x en｜fants.

4. Elle étudie avec Alex.   E｜lle é｜tu｜die｜a｜ve｜c A｜lex.

French syllables end in a vowel whenever possible, even when this forces syllables to cross word boundaries.

Repeat the following words after the speaker, dividing them into distinct syllables. Draw a vertical line between each syllable.

1. impossibilité

2. féroce

3. appartement

4. proposition

5. continentale

6. adolescence

B. Joncture (Juncture). *In listening to French, you will often hear phrase groups rather than individual words. This is because syllables are frequently divided across word boundaries, causing words to lose their identity in the speech stream.*

Listen to the following phrase groups and draw a vertical line separating each syllable. Notice how this division or juncture crosses word boundaries.

      Modèle: I│l es│t im│pa│tient.

1. Jeanne est ma sœur.

2. Tu parlais avec eux.

3. Notre professeur arrive.

4. Il a vu les autres.

5. Marc a son adresse.

C. Enchaînement consonantique (Consonant linking). *One of the ways French breaks up words is by* **enchaînement,** *the linking of the final pronounced consonant of one word to the vowel at the beginning of the next word. This is similar to* **liaison,** *which links normally silent consonants to the following vowel. Repeat the following phrases after the speaker, marking the links you hear.*

1. Patrick est intelligent.

2. Ma mère a les articles.

3. Ils écoutent une autre chanson.

4. Anne étudie les arts.

D. Trouvez les groupes rythmiques. *It is important to be able to divide a stream of speech into phrase groups. You can recognize these groups by paying attention to the following features.*

1. The final syllable of each phrase group is stressed, that is, longer and sometimes louder.

2. If the phrase group is in the middle of a sentence, it is marked by a slight rise in intonation; at the end of a sentence it falls except for yes/no questions, which rise.

Listen to the following passage, marking the **groupes rythmiques** *with a slash (/).*

      J'étais un enfant assez solitaire ; je n'avais pas de frères ou de sœurs. C'est pourquoi j'ai inventé un ami imaginaire qui s'appelait Marcus. Marcus m'accompagnait partout, mais je lui parlais seulement quand nous étions seuls. Mes parents ne savaient pas que j'avais un tel copain.

Now read the passage along with the tape.

Module 9
À la découverte du
monde francophone

COMPRÉHENSION AUDITIVE

Les pays francophones

Exercice 1.Travaillons avec les Médecins sans frontières. *Pierre and his brother are joining **Médecins sans frontières** (Doctors without Borders). Listen to their conversation and check off the countries they mention as possible assignments.*

_____ l'Ouganda	_____ le Vietnam	_____ la Bolivie
_____ le Mozambique	_____ le Cambodge	_____ le Pérou
_____ la République démocratique du Congo	_____ le Laos	_____ le Honduras
_____ le Ruanda	_____ le Mexique	_____ l'Éthiopie

La géographie et le climat

Exercice 2. Une leçon de géographie. *You will hear the beginning of a statement about the geography of Congo-Kinshasa followed by three possible endings. Refer to the map and choose a, b, or c to complete each statement accurately.*

	a	b	c
1.	_____	_____	_____
2.	_____	_____	_____
3.	_____	_____	_____
4.	_____	_____	_____
5.	_____	_____	_____
6.	_____	_____	_____

Now listen and check your answers.

Comment comparer (suite)

Exercice 3. Un congrès *(conference)* francopone. *Participants at an international francophone conference are discussing their countries. Listen to their comments and then mark the following statements **vrai** or **faux**.*

1.	La Suisse a autant de francophones que de Suisse-Allemands.	**vrai**	**faux**
2.	Il y a bien moins de gens qui y parlent italien.	**vrai**	**faux**
3.	Montréal est la plus grande ville du Canada.	**vrai**	**faux**
4.	La plus grande quantité de diamants *(diamonds)* industriels se trouvent en Afrique du Sud.	**vrai**	**faux**
5.	Le Congo-Kinshasa est aussi grand que l'Europe occidentale.	**vrai**	**faux**
6.	Il y a moins de forêts au Sénégal qu'auparavant à cause de la désertification.	**vrai**	**faux**

Exercice 4. Une visite à la Nouvelle-Orléans. *Denis and his friend Jean-Marc talk about New Orleans.*

A. *Listen to their conversation once and select the correct response.*

1. Denis va aller à la Nouvelle-Orléans

   _____ pour travailler   _____ en vacances   _____ pour aller voir une amie

2. Jean-Marc ne parle pas

   _____ de la musique   _____ de la cuisine   _____ de l'histoire de la ville   _____ des sports populaires

B. *Listen again and complete each sentence with the best answer.*

1. Jean-Marc connaît cette ville parce qu(e)

   _____ il y habite   _____ il l'a visitée   _____ sa cousine y est étudiante

2. Si on prend le tramway on peut voir

   _____ le Mississippi   _____ un quartier français   _____ un beau quartier historique

3. La Nouvelle-Orléans a un quartier français parce qu(e)

   _____ la Louisiane était une colonie française   _____ la ville est très ancienne   _____ il y a de bons restaurants

Exercice 5. Vacances d'hiver. *On a ski vacation, you try to impress someone you have just met by telling him/her that you know all the following things. In your statement, choose between **je sais** and **je connais**.*

Nouveau vocabulaire :

un remonte-pente	*ski lift*
un moniteur de ski	*ski instructor*
les pistes	*slopes*

Modèle : Vous entendez : faire du bobsleigh
Vous choisissez : **je sais**
Vous entendez : faire du bobsleigh
Vous dites : **Je sais faire du bobsleigh.**
Vous entendez : Je sais faire du bobsleigh.

	je sais	je connais
1.	_____	_____
2.	_____	_____

	je sais	je connais
3.	_____	_____
4.	_____	_____
5.	_____	_____
6.	_____	_____

Comment demander des renseignements à l'agence de voyages

Exercice 6. À l'agence de voyages. *You are filling in for a friend who works at a travel agency. You answer the phone and take down client information on the form she left you so she can return the calls later.*

Nom _____

No. de téléphone _____

Destination finale _____

Date prévue _____

Réservations   avion   train   hôtel   location de voiture

Exercice 7. Connaissances des gens célèbres. *You will hear questions about some famous people. Answer the questions using the appropiate direct object pronoun. Then answer about your own experience.*

Modèle : Vous entendez : Est-ce que Steffi Graf connaît le stade Roland-Garros à Paris ?
Vous dites : **Oui, elle le connaît.**
Vous entendez : Oui, elle le connaît. Et vous ?
Vous dites : **Je le connais aussi. (Je ne le connais pas.)**

PRONONCIATION ET ORTHOGRAPHE

Liaison; pronunciation of **s** and **r.**

A. Liaison. *Some final letters that are normally silent are pronounced when the following word begins with a vowel. This is called **liaison,** a phenomenon that links words together in phrases as in the following examples.*

articles

les étudiants

un examen

les enfants

un avocat

un homme

pronoms sujets

vous êtes

ils ont

on aime

elles habitent

nous allons

adverbes et adjectifs

très important

mon appartement

le petit enfant

de bonnes idées

verbe *être*

c'est important

il est ici

elle est anglaise

B. La lettre s. *As you can hear in the word **saison,** the letter **s** may be pronounced /s/ or /z/ depending on the sounds that surround it. Note how the two pronunciations of **s** result in a clear differentiation of the meaning of the following pairs.*

/s/	/z/
le dessert	le désert
le poisson	le poison
ils sont	ils ont

Listen to the words or phrases and indicate whether you hear /s/ or /z/.

	/s/	/z/
1.	_____	_____
2.	_____	_____
3.	_____	_____
4.	_____	_____
5.	_____	_____
6.	_____	_____

*The letter **s** is pronounced /s/ at the beginning of a word and when it is followed by another **s**. Repeat the following words.*

ma sœur	suisse	la salle de classe	faire du ski
la savane	ils sont	ils savent	le saucisson
le sud	le poisson	nous sommes	une salade

*When the letter **s** is between two vowels or followed by **e**, it is pronounced /z/. Note the liaison in the words of the final column. Repeat the following words.*

valise	cuisine	musée	les autres
réserver	amusant	désolé	nous habitons
casino	nerveuse	quelque chose	vous aimez

C. La consonne r. *The standard French **r** sound is made in the back of the throat or uvula. Listen and compare the English–French pairs below.*

English	**French**
rose	rose
metro	métro
pour	pour

*To articulate this French **r**, keep the tip of your tongue behind your lower teeth and raise the back of your tongue enough to allow a small amount of air to pass through. Now listen and repeat the following.*

très	métro	rural	nord
rentrer	train	averse	région
réserver	partir	grand	désert
retour	transport	agricole	rapide

*The uvular pronunciation of **r** is relatively modern; prior to the eighteenth century, the **r** was rolled with the tip of the tongue. The **r roulé**, similar to that used in Spain and Italy, continues to be used in many French-speaking areas of the world today such as southern France, Canada, and Africa.*

Listen to the following words pronounced first by an African speaker and then by a Parisian.

Je préfère les robes rouges.

Le frère de mon ami Richard est vraiment nerveux.

10

Module 10
La maison
et la
routine
quotidienne

COMPRÉHENSION AUDITIVE

La vie de tous les jours

Exercice 1. Activités logiques. *Karima is describing several activities of her daily routine. If the actions she describes are in logical order, mark* **oui.** *If not, mark* **non.**

	oui	non
1.	_____	_____
2.	_____	_____
3.	_____	_____
4.	_____	_____
5.	_____	_____
6.	_____	_____

Exercice 2. À huit heures du matin. *It's 8 A.M. at the apartment Mireille, Rosemarie, and Annie share. Answer the questions you hear according to the picture.*

Modèle : Vous entendez: Est-ce que Mireille se couche à huit heures ?
　　　　　　　Vous dites: **Non, elle ne se couche pas. Elle se réveille.**

Annie

Mireille

Rosemarie

Exercice 3. Le soir à la résidence. *Roger is talking about the evening activities in his dorm. Listen to hear if the action described happens routinely (expressed in the present tense) or if it occurred yesterday (**passé composé**). Circle* **d'habitude** *or* **hier** *as needed.*

1.   d'habitude   hier

2.   d'habitude   hier

3.   d'habitude   hier

4.   d'habitude   hier

5.   d'habitude   hier

6.   d'habitude   hier

La maison, les pièces et les meubles

Exercice 4. La maison de Chantal. *Chantal is describing the different rooms in the house she shares with friends. Identify each part of the house she describes.*

1.   _____

2.   _____

3.   _____

4.   _____

5.   _____

a.   la salle de séjour

b.   la cuisine

c.   la salle à manger

d.   la chambre

e.   la salle de bains

f.   le garage

g.   les WC

h.   la terrasse

Les tâches domestiques

Exercice 5. Rangeons la maison. *You need help around the house. In the blank, write the letter of the element that completes the statements you hear.*

1. _____

2. _____

3. _____

4. _____

5. _____

a. la vaisselle

b. le balai

c. faire ton lit

d. vider

e. passer l'aspirateur

Comment trouver le mot juste

Exercice 6. Entre nous. *You will hear several short conversational exchanges. Complete each one with an appropriate expression as in the model. The conversation will be repeated for you to verify your answer.*

> **Modèle :** Vous entendez : Maman, je vais chez Micheline.
> —À quelle heure est-ce que tu rentres ?
> Vers huit heures.
> —D'accord. _____
> Vous choisissez : **f. Amuse-toi bien.**

1. _____

2. _____

3. _____

4. _____

5. _____

6. _____

a. Tu me manques terriblement.

b. Dépêche-toi !

c. Ça suffit !

d. Fais de beaux rêves.

e. Bon appétit, tout le monde.

f. Amuse-toi bien.

g. Chapeau !

Comment se plaindre

Exercice 7. Stéphane et Annick.

A. *Listen to Annick as she talks about her boyfriend Stéphane. Then check off the statements that describe Stéphane.*

_____ Il n'a pas d'amis.

_____ Il n'a rien en commun avec Annick.

_____ Il aime le jazz.

_____ Il prépare souvent des dîners romantiques.

_____ Il ne fait plus la vaisselle.

_____ Il fait le ménage.

_____ Il préfère travailler dans le jardin.

_____ Il regarde souvent la télé.

B. *Now listen to Stéphane as he describes Annick. Check off the statements that are true according to Stéphane.*

_____ Elle passe trop de temps à ranger la maison.

_____ Elle passe trop de temps devant la télévision.

_____ Elle ne fait jamais la lessive.

_____ Elle a refusé d'aller à la plage.

_____ Elle n'aime plus aller à la plage.

_____ Elle ne veut sortir avec personne.

PRONONCIATION ET ORTHOGRAPHE

The vowels /i/ and /y/; the letters **c** and **g** and the letter combination **qu**; and **liaison (suite)**

A. Les voyelles *i* et *u*. *As you have already seen, vowels in French are produced with greater tension than English vowels. Another characteristic of the vowels **i** and **u** is their height; they are produced with the back of the tongue quite near the roof of the mouth. Compare, for example, the English name **Lee** and the French word **lit** with its higher vowel.*

     Lee   lit

Identify the words you hear as either being English or French.

1. anglais   français

2. anglais   français

3. anglais   français

4. anglais   français

5. anglais   français

*In the case of /y/, a sound which has no English equivalent, the height of the vowel is most clear when contrasted with French words containing the combination **ou**. This contrast in sound also results in a change of meaning. Repeat the following pairs, making sure to raise the height of your tongue as you pronounce /y/.*

sous	su
tout	tu
loue	lu
vous	vu
doux	du
nous	nu

Now repeat the following phrases, paying particular attention to the high vowels.

ils lisent	vous avez lu	ils écrivent
tu as lu	nous avons dit	elle a répondu
tu dis « oui »	Qui a dit « Salut » ?	j'ai écrit un livre

B. Les lettres c et g. *The letters* **c** *and* **g** *have two pronunciations, one "hard" and one "soft," depending primarily on the letters that follow.*

When followed by **a, o, u,** *or another consonant,* **c** *and* **g** *have a hard sound, as in the following words.*

comme	goût	cours	golf
canapé	figure	cuisine	guerre
cuillère	grand	gâteau	classe

When followed by **e, i,** *or* **y,** *they have a soft sound. Repeat after the model.*

voici	gens	centre	intelligent
cerise	il gèle	généreux	célèbre
Cyrano	linge	accident	régime

C. La combinaison qu. *The letter combination* **qu** *is usually pronounced with a hard* **k** *sound in French. Repeat the following after the speaker.*

quand	quelque	quartier	quantité
qui	bibliothèque	se maquiller	Monique
que	quotidien	question	quitter

D. Liaison (suite). *In Module 7, you were introduced to the linking phenomenon known as* **liaison,** *in which a usually silent consonant at the end of a word is pronounced when the word that follows it begins with a vowel sound.*

des hommes	ils ont	mon petit ami

Because a liaison joins words in groups, it is found in numerous fixed expressions. Repeat the following expressions, making the liaison as indicated.

de moins en moins	de plus en plus	les États-Unis
tout à fait	tout à l'heure	bon anniversaire
vingt ans	petit à petit	je vous en prie
comment allez-vous	l'accent aigu	de temps en temps

Note, as you repeat after the speaker, that there is never a liaison after **et.**

français et anglais	Paul et Isabelle	vingt et un

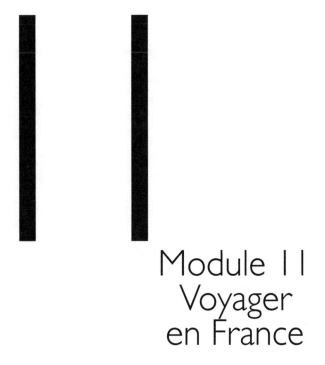

Module 11
Voyager
en France

COMPRÉHENSION AUDITIVE

Paris, j'aime !

Exercice 1. Paris-Visite. *You are about to hear the guide on the **Paris-Visite** tour bus point out famous Parisian sites. As you listen, trace the route with a pencil and circle the monuments and sites mentioned.*

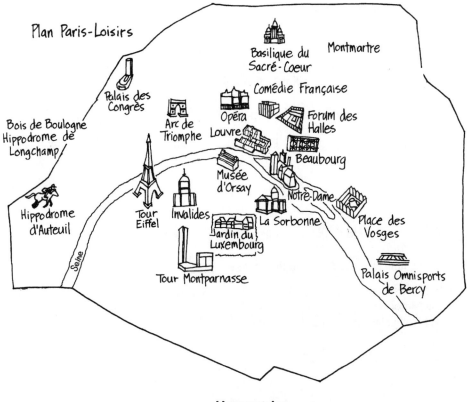

Exercice 2. Compagnons de voyage. *Carole and Dominique, who traveled from their home in the south of France to visit Paris, are ill-matched travel companions. Listen to their conversation. For each suggestion made by one, give the objection made by the other.*

Nouveau vocabulaire :

les foules   *crowds*
têtu(e)   *stubborn*
faire la queue   *wait in line*
un cimetière   *cemetery*

1. Le musée Picasso

   a. Il est trop salé.
   b. Dominique n'aime pas Picasso.
   c. Ils ont déjà visité un musée Picasso.

2. Le Grand Louvre

   a. Carole l'a visité quand elle était petite.
   b. Dominique n'aime pas l'art traditionnel.
   c. Dominique n'aime pas les foules.

3. Le cimetière du Père Lachaise

   a. Carole n'aime pas les Doors.
   b. Carole n'aime pas les cimetières.
   c. Carole n'aime pas les fleurs.

4. Giverny

   a. Dominique n'aime pas les jardins.
   b. Carole n'aime pas les jardins.
   c. Carole aimerait mieux le voir au printemps.

Exercice 3. Visitez Paris d'en haut *(from above)*. *If you are after a bird's-eye view of Paris, here are some suggestions. Listen to the tape and complete the following sentences.*

1. Pour arriver au sommet de la tour Eiffel, on prend l'ascenseur jusqu'au _____.

2. C'est le plus _____ point de vue de la ville.

3. Quand il fait beau, on peut voir jusqu'à _____ kilomètres.

4. Ce monument est aussi ouvert la _____ pour les romantiques.

Voyager pas cher

Exercice 4. Voyager pas cher. *Listen to the following suggestions for reducing travel costs and circle the correct answers.*

1. La Carte musées et monuments offre la possibilité de visiter _____.

   a. le Palais de Versailles
   b. la Bibliothèque Nationale
   c. les collections permanentes de 65 musées et monuments

2. Cette carte offre _____ options

   a. 2   b. 3   c. 4

3. On ne peut pas acheter cette carte _____.

    a.   au bureau de poste   b.   dans les musées et monuments   c.   dans les principales stations de métro

Comment se repérer en ville

Exercice 5. Pardon, monsieur. Je cherche… *You will hear two tourists asking for directions. Listen to the answers and trace the routes on the map.*

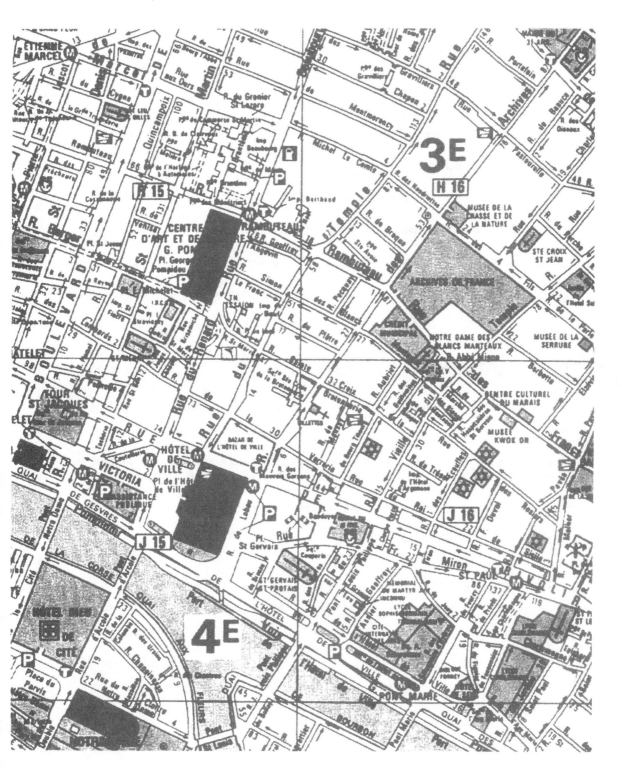

L'identité française

Exercice 6. À quoi croire ? *Docteur Ponge, a French psychoanalyst, has recently conducted a study on French attitudes regarding religion and the supernatural. Listen to his interview on* **Radio Luxembourg** *and mark whether the following sentences are true or false.*

Nouveau vocabulaire :

pratiquant	*practicing (a religion)*
le surnaturel	*supernatural*
un croyant « type »	*typical believer*
améliorer	*improve*
une soucoupe volante	*flying saucer*
controversé(e)	*controversial*

Vrai ou faux ?

1. _____ La plupart des Français croient en Dieu.

2. _____ La France est un pays catholique.

3. _____ Les Français vont régulièrement à l'église.

4. _____ Les jeunes sont moins croyants que les adultes.

5. _____ La théorie de l'évolution est controversée chez les Français.

6. _____ La croyante « type » est une femme âgée sans grande instruction.

7. _____ En général, les hommes s'intéressent plutôt aux phénomènes paranormaux qui appartiennent à la technologie.

PRONONCIATION ET ORTHOGRAPHE

Pronouncing future-tense endings: the nasal vowels /ɔ̃/ and /ɑ̃/; producing /p, t, k/ without aspiration

A. Le futur. *You have already seen that French vowels are produced with more tension. When pronouncing verbs conjugated with* **je** *and* **vous** *in the future tense, the final vowel must be tense and high.*

The endings of the following verbs are pronounced the same. Listen and repeat.

je parlerai	vous parlerez
j'irai	vous irez
je prendrai	vous prendrez
je ferai	vous ferez
je serai	vous serez

B. Les voyelles nasales /ɔ̃/ et /ɑ̃/. The **nous** form of the future ends with the nasal vowel /ɔ̃/. This sound corresponds to the written letters **on** and **om** found in words such as **bon, ton,** and **combien.** To produce this sound, round your lips as you would to pronounce **beau;** put the tip of your tongue against your lower teeth and raise the back of your tongue towards the soft part of the roof of your mouth (the soft palate). Now let the air escape through your mouth and through your nose. Repeat the following words after the speaker.

bon	iront
parlerons	son
arriverons	compterons
chantons	non

If you try to produce the nasal vowel /ɔ̃/ without rounding your lips, you will produce the nasal vowel /ɑ̃/. This sound corresponds to the written letter combinations **an, am, en,** and **em** found in words such as **chambre, vent,** and **sans.** It is produced with the tip of the tongue against the lower teeth, but with the lips spread instead of rounded.

Pronounce the following words that contain the sound /ɑ̃/.

an	vent
chante	prudent
lent	rendent
tante	sans

It is important to be able to discriminate between the /ɔ̃/ and the /ɑ̃/. as this can make a difference in the word you hear. Look at the following word pairs and circle the one that is pronounced.

	/ɑ̃/ (tante)	/ɔ̃/ (non)
1.	vent	vont
2.	sans	son
3.	ayant	ayons
4.	parlant	parlons
5.	lent	long
6.	tant	ton
7.	étudiant	étudions

C. Les consonnes p, t, k. When you pronounce the consonants **p, t,** and **k,** in English you produce a puff of air. This can be demonstrated by holding a piece of paper loosely up to your mouth and saying "paper"; the puff of air will make the paper wave. There is no such aspiration in French. Listen to the recording of the following English words produced with a French accent: **paper, papa, important, car, table, took.**

Now repeat after the speaker.

papa	testament	Pourquoi tu poses cette question ?
pourquoi	quand	Papa m'a parlé de toi.
qualité	tard	
tante	question	

Module 12
Dépenses,
argent, travail

COMPRÉHENSION AUDITIVE

Les magasins et l'argent

Exercice 1. Quel magasin ? *You will hear four conversations in various types of stores. Select the store that best fits each one.*

1. a. un centre commercial
    b. un magasin de disques
    c. une librairie-papeterie
    d. une épicerie

2. a. un bureau de tabac
    b. une grande surface
    c. une pharmacie
    d. une bijouterie

3. a. un supermarché
    b. une épicerie
    c. un magasin d'électronique
    d. une pharmacie

4. a. une pharmacie
    b. une parfumerie
    c. un centre commercial
    d. un pressing

Exercice 2. La Vie moderne, vous pouvez faire la commande. *Listen to the ad for La Vie moderne and select from the answers below.*

1. La Vie moderne, c'est
    a. un fromage.
    b. un catalogue.
    c. un centre commercial.
    d. une boutique de prêt-à-porter.

2. Avec le catalogue La Vie moderne, vous pouvez acheter

   a. des vêtements pour femmes.

   b. des vêtements pour hommes.

   c. des appareils ménagers et des articles de décoration.

   d. tout pour la mode, la maison, la décoration et les loisirs.

3. Vous pouvez faire la commande par téléphone

   a. cinq jours par semaine.

   b. quatre jours par semaine.

   c. sept jours par semaine, même le dimanche.

   d. tous les jours, sauf le dimanche.

4. Vous avez _____ pour essayer vos achats. Si vous n'êtes pas satisfait, La Vie moderne vous remboursera.

   a. une semaine

   b. cinq jours

   c. quinze jours

   d. un mois

5. Si vous commandez tout de suite, La Vie moderne vous donnera

   a. un cadeau gratuit.

   b. cent francs.

   c. un nouveau catalogue gratuit.

   d. une réduction de 15 %.

Les nouveaux élites de l'emploi

Exercice 3. Interview avec Gil Hartford. *Gil Hartford, world sports industry leader and marketing professor at the University of Michigan, is interviewed by* **Radio Paris.** *Listen to the interview and mark whether the following sentences are true or false.*

Nouveau vocabulaire :

souhaiter la bienvenue   *to welcome*
un contrat de sponsoring   *sponsoring contract*
un souhait   *wish*

Vrai ou faux ?

1. _____   Gil Hartford est passionné de sport.

2. _____   Il est en France uniquement pour voyager, se détendre.

3. _____   PSG est un club de tennis à Paris.

4. _____   Mercure a signé un contrat de sponsoring avec une championne de tennis.

5. _____   Les salaires payés aux athlètes par les fabriquants de vêtements de sport continuent à augmenter.

6. _____   L'espoir de Hartford, c'est devenir homme politique.

Exercice 4. De nouveaux élites en direct. *Listen to the following brief interviews on the street of French people working in the United States. Cross out the sentence that doesn't apply.*

1. Elle est mère.

   Elle travaille de chez elle.

   Elle va au bureau deux fois par semaine.

   Elle a été licenciée.

2. C'est une tête d'entreprise.

   Il a fait de la restructuration.

   Il a embauché des programmeurs français.

   Il croit que les Français ont une bonne formation dans l'animation.

3. C'est un programmeur.

   Il travaille à temps partiel.

   Un chasseur de têtes lui a trouvé son travail.

   Il a travaillé pour une agence intérimaire.

La mode et comment faire ses achats

Exercice 5. Marchander aux puces. *Nathalie and her husband Guy are at the **Marché aux puces,** the Paris flea market. Stop the tape and read the questions that follow. Now listen to their conversation and answer the questions. It is not necessary to write out complete sentences.*

Nouveau vocabulaire :

marchander	*to bargain*
le marché aux puces, les puces	*flea market*
rater	*to fail (fam.), "to blow it"*
vilain(e)	*ugly*

1. Qu'est-ce que Nathalie veut acheter ?

   _____

2. Qu'est-ce qu'elle veut faire pour avoir un bon prix ?

   _____

3. Combien coûtent les chaises au début ?

   _____

4. Est-ce que la marchande offre un meilleur prix ?

   _____

5. Est-ce que Nathalie décide de les prendre à ce prix ?

   _____

6. Qu'est-ce qu'elle demande à Guy de faire ?

   _____

7. Pourquoi ne retourne-t-elle pas à la boutique elle-même ?

   _____

Exercice 6. Dans une boutique de prêt-à-porter. *Listen to the conversation between Solange and the saleswoman in a clothing store. Fill in their dialogue.*

VENDEUSE   Je peux vous _____, mademoiselle ? Vous cherchez une jupe ? Vous faites

quelle _____ ?

SOLANGE   Je fais du _____.

VENDEUSE   Eh bien, nous avons plusieurs modèles. Regardez _____-ci. C'est une jupe tube en

polyester. On a aussi celle-là. C'est le look western.

SOLANGE   Euh, j'sais pas. Je _____ quelque chose de plus classique.

VENDEUSE   Bon alors. Je _____que nous avons exactement ce que vous cherchez. Regardez ce

modèle-ci.

SOLANGE   J'aime bien la jupe, mais la couleur est vilaine !

VENDEUSE   Comment ça, vilaine ! L'abricot est très _____cette année. Mais nous l'avons aussi en

kaki et en noir.

SOLANGE   Je peux _____la noire ?

VENDEUSE   Oui, mademoiselle. La cabine d'essayage est par ici.

(*Solange sort de la cabine portant la jupe.*)

VENDEUSE   Vous voyez, mademoiselle, elle vous _____comme un gant !

SOLANGE   Ça fait vraiment très classe. Elle _____ combien ?

VENDEUSE   800 francs, mademoiselle.

SOLANGE   800 francs ? Mais c'est trop cher !

VENDEUSE   Mais _____ un peu, mademoiselle. Elle est d'excellente qualité.

SOLANGE   Oui, peut-être, mais de toute façon j'ai pas 800 francs à dépenser. Merci, madame.

VENDEUSE   Oh là là là là ! Les jeunes !!

La publicité

Exercice 7. Identifiez ces produits ! *Listen to the following product ads and match the picture to the object being described.*

1. _____

a.

2. _____

b.

3. _____

c.

4. _____

d.

PRONONCIATION ET ORTHOGRAPHE

Pronouncing French numbers and recognizing them in speech.

A. La prononciation des nombres. *Although you first learned to count from 1 to 60 in Module 1, accurate pronunciation and recognition of numbers takes time.*

Listen carefully to the pronunciation of the numbers from 1 to 20 and underline those numbers that have a final pronounced consonant.

un, deux, trois, quatre, cinq, six, sept, huit, neuf, dix, onze, douze, treize, quatorze, quinze, seize, dix-sept, dix-huit, dix-neuf, vingt

Now listen and repeat.

un, deux, trois, quatre, cinq, six, sept, huit, neuf, dix, onze, douze, treize, quatorze, quinze, seize, dix-sept, dix-huit, dix-neuf, vingt

B. Un, deux, trois, huit, et vingt.

Un. This number can be pronounced either as /œ̃/ rhyming with **brun,** or as /ɛ̃/, rhyming with **pain.** Both pronunciations are perfectly acceptable. Although the first pronunciation is more traditional, the tendency is towards the second pronunciation **un** /ɛ̃/. This is especially true for Parisians and French people born after World War II.

Deux. The vowel sound in **deux** has no equivalent in English. It's the same sound you hear in the words: **peu, ceux,** and **mieux,** and is produced with more lip rounding than the neutral vowel or **e instable** (schwa) found in the preposition **de.** To pronounce it, first produce the word **des,** then while maintaining the same position of your tongue and jaw, round your lips and you will arrive at **deux.** Some English speakers mistakenly hear an **r** at the end of this word.

Trois. Work on pronouncing **trois** with a uvular **r,** and open your mouth wide on the final vowel.

Huit. This number does NOT rhyme with the English word "wheat." The first vowel sound is similar to the vowel in **tu** and glides to an /i/ sound. This semivowel is also found in the words **puis, fruit, ensuite,** and **suis.**

Vingt. Be careful not to pronounce the **t** in **vingt** unless it appears before a vowel: **vingt, vingt pages, vingt arbres.**

C. Combien ? It is often difficult to understand numbers contained in fluent speech. Listen to the following sentences and circle the number that is pronounced.

1.	a. 389	b. 298	c. 379
2.	a. 195	b. 1 195	c. 575
3.	a. 351	b. 153	c. 135
4.	a. 1 780 F	b. 1 690 F	c. 189 F
5.	a. 89	b. 79	c. 99
6.	a. 3 670 F	b. 2 768 F	c. 3 690 F
7.	a. 2 290	b. 295	c. 2 215
8.	a. 139 F	b. 194 F	c. 147

Harcourt, Inc.

Module 13
La santé
et le bonheur

COMPRÉHENSION AUDITIVE

Les parties du corps

Exercice 1. Côté physique. *Thérèse is thumbing through a magazine and talking about the physical characteristics of people who appear in the photos. For each description you hear, check off the parts of the body she mentions. You will hear each recording twice.*

Jean-Yves

_____ cils   _____ yeux   _____ épaules   _____ dents

_____ bouche   _____ sourcils   _____ oreilles   _____ front

le mannequin

_____ nez   _____ cheveux   _____ épaules   _____ poitrine

_____ cou   _____ yeux   _____ estomac   _____ bras

Les maladies et les remèdes

Exercice 2. Symptômes et diagnostics. *Listen to the following people describe their ailments and make the appropriate diagnosis.*

1. _____ Patrick Bunuel   a. une grippe

2. _____ Marthe Lecastre   b. un rhume

3. _____ Annick Garec   c. le mal de mer

                                    d. une dépression

Exercice 3. J'ai cessé de fumer ! *The magazine* **Santé** *is interviewing Louis Rillet, who kicked the smoking habit. Listen to the interview and mark the following statements true or false.*

Vrai ou Faux ?

1. _____ M. Rillet fumait régulièrement trois paquets de cigarettes par jour.

2. _____ Il a essayé de cesser de fumer plusieurs fois.

3. _____ Il fumait pendant ses études universitaires.

4. _____ Il s'est inscrit dans un programme anti-tabac qui aide les fumeurs à changer leurs habitudes.

5. _____ Pendant ses vacances, son copain était très impatient avec lui.

6. _____ Il s'est promis d'investir l'argent qu'il dépensait sur les cigarettes dans des voyages.

7. _____ L'été prochain il pense aller au Japon.

Comment parler au médecin

Exercice 4. Mon fils est malade ! *Madame Simon is worried that her son might be ill, so she takes him to the doctor. Listen to the following conversation at the doctor's office and select all the appropriate responses.*

1. Madame Simon a emmené son fils chez le médecin parce qu'il

   a. est enrhumé.
   b. fait une dépression.
   c. manque d'énergie et d'appétit.

2. Elle s'inquiète surtout parce qu'elle a peur

   a. d'un échec scolaire.
   b. qu'il soit mal ajusté.
   c. qu'il n'ait pas d'amis.

3. Le seul symptôme que trouve le médecin, c'est

   a. une fièvre légère.
   b. une gorge rouge.
   c. les yeux rouges.

4. Le docteur croit que Mathieu souffre de fatigue parce qu'il

   a. s'amuse avec des jeux-vidéos au lieu de dormir.
   b. fait une dépression.
   c. mange chez des amis.

Comment se sentir bien dans sa peau

Exercice 5. Le bonheur. *Happiness means different things to different people. Listen to the following people give their interpretations of happiness and choose the phrase that most closely corresponds to their view.*

1. Nicole Avril

   a. Le plus grand bonheur, c'est aider les autres.
   b. On apprécie mieux le bonheur après des difficultés.
   c. L'argent est important pour être heureux.

2. Lionel Chaudron

    a.   Le bonheur se trouve dans les petits plaisirs de la vie.

    b.   Le bonheur, c'est réussir sa carrière.

    c.   Le bonheur, ce sont les moments passés en famille.

3. Michel Tournier

    a.   Le bonheur, c'est la bonne santé.

    b.   Le bonheur, c'est s'offrir de petits cadeaux.

    c.   Le bonheur est surtout une attitude vis-à-vis de la vie.

Comment conseiller

Exercice 6. Être en forme avant de prendre la route. *Listen to this recording of driving safety tips and mark the following sentences true or false.*

Nouveau vocabulaire :

une pause sommeil	*nap*
au volant	*at the wheel*

Vrai ou Faux ?

1. _____   Le risque d'avoir un accident la nuit est plus élevé (*greater*) parce qu'on a sommeil.

2. _____   On recommande de s'arrêter toutes les quatres heures.

3. _____   Une pause-sommeil de dix à vingt minutes est rafraîchissante.

4. _____   Les repas sur la route s'ajoutent à la fatigue. Ils ne sont pas recommandés.

5. _____   Certains médicaments font dormir.

Exercice 7. *Voix directe.* De vous à vous ! « Comment les Français affrontent la chaleur ». *This week* **Voix directe** *wanted to know how people were dealing with the heat spell in the south. Listen to the recorded interviews and check off all the elements mentioned.*

Nouveau vocabulaire :

chapeau de paille	*straw hat*
climatisé(e)	*air-conditioned*

Camille

  _____   boit beaucoup d'eau.   _____   fait de la natation.

  _____   ne fait pas d'exercice.   _____   mange beaucoup de glaces.

Jean-Claude Boulez

  _____   aime le soleil.   _____   est obligé de se cacher du soleil.

  _____   utilise un parasol.   _____   vient de se faire opérer.

Eddy Limoges

  _____   porte un chapeau de paille. _____   voyage en vélo.

  _____   boit de l'eau.   _____   voyage en climatisé.

PRONONCIATION ET ORTHOGRAPHE

Releasing final consonants, recognizing the subjunctive, deciding whether to pronounce final consonants.

A. Détente des consonnes finales. *As you have learned, French has a large number of silent final consonants. It is not surprising then that many French learners produce final consonants in a hesitant fashion as if to hedge their bets. Unfortunately, this works against an authentically French pronunciation, because in French, pronounced final consonants must be produced clearly, not "swallowed" as they frequently are in English. Take for example the word debt. In English it ends with the lips together, "swallowing" the final -t sound. In the French word* **dette,** *however, after producing the* **-t** *the consonant is released, and the mouth reopens.*

Listen to the final consonant sound of the following English and French words.

English	French
Paul	Paul
ton	tonne
tube	tube
tact	tact
mat	matte
bun	bonne
soup	soupe

B. Le subjonctif. *Releasing final pronounced consonants is important for producing and recognizing verbs in the subjunctive. After you hear the indicative form of the following verbs, give the corresponding subjunctive form, making sure to release the final consonant when appropriate.*

> **Modèle :** tu prends
> **que tu prennes**

1. il prend

2. elle sort

3. tu dis

4. on part

5. tu comprends

6. elle vient

7. il écrit

C. Prononcer ou pas ? *In most cases, final consonants are silent except for the letters* **c, r, f,** *and* **l.** *(Use the mnemonic* careful *to remember them.) Of course the* **r** *is never pronounced in the infinitive ending* -er, *or in adjectives and nouns ending in* **-er:** *premier, papier, escalier.*

Now stop the tape and underline the words with a final pronounced consonant. Then listen to the tape and verify your answers.

bon	papier	mal
actif	point	chancelier
talent	abord	état
tel	bac	Cadillac
finir	bar	adjectif

Now repeat the same words after the speaker.

Module 14
La vie
sentimentale

COMPRÉHENSION AUDITIVE

Exercice 1. L'amour, la haine et l'indifférence. *You are about to hear several conversations about relationships. Assign each conversation to a category: love, hate, or indifference/uncertainty by circling the appropriate label.*

1. l'amour   la haine   l'indifférence/incertitude

2. l'amour   la haine   l'indifférence/incertitude

3. l'amour   la haine   l'indifférence/incertitude

4. l'amour   la haine   l'indifférence/incertitude

5. l'amour   la haine   l'indifférence/incertitude

6. l'amour   la haine   l'indifférence/incertitude

Exercice 2. Réciproque ou non ? *The statements you are about to hear include the pronominal verbs given below. Circle **oui** if this verb refers to a reciprocal action and **non** if it does not. Each sentence will be read twice.*

1. (se voir)   oui   non   4. (s'embrasser)   oui   non

2. (se parler)   oui   non   5. (se comprendre)   oui   non

3. (se rendre compte)   oui   non   6. (se demander)   oui   non

Les valeurs et les espoirs

Exercice 3. Valeurs contemporaines ou traditionnelles ? *Listen to the following remarks and decide whether the* *reflect more traditional or contemporary values. Circle the appropriate response. You will hear each remark twice.*

1. traditionnelle   contemporaine   5. traditionnelle   contemporaine

2. traditionnelle   contemporaine   6. traditionnelle   contemporaine

3. traditionnelle   contemporaine   7. traditionnelle   contemporaine

4. traditionnelle   contemporaine   8. traditionnelle   contemporaine

Exercice 4. Le couple idéal. *The magazine* **Jeune Adulte** *polled their readers for their image of the ideal couple.* *Listen to a discussion of the poll results and circle the answer most often given in the survey.*

Nouveau vocabulaire

un appart *(fam.)*   *apartment*
forcément   *necessarily*

Le couple idéal...

1. Sont-ils mariés ?

   a. oui
   b. non
   c. pas nécessairement

2. Lieu de leur rencontre

   a. une expo
   b. un dîner chez des amis
   c. une boîte de nuit

3. Ont-ils un mariage religieux ?

   a. oui
   b. non
   c. pas nécessairement

4. Ils habitent

   a. un loft.
   b. un appartement.
   c. une maison avec jardin.

5. Ils vivent

   a. à Paris.
   b. dans une ville de province.
   c. à la campagne.
   d. au bord de la mer.

6. L'âge idéal pour avoir un premier bébé

   a. 21 ans
   b. 25 ans
   c. 30 ans

7. Est-ce qu'ils travaillent ?

   a. oui
   b. non
   c. à mi-temps

Comment dire qu'on est d'accord ou qu'on n'est pas d'accord

Exercice 5. Une journaliste à Concordia University. *Sarah, a student at Concordia University in Montreal, is* *interviewing her fellow students about their opinions on various issues for an article she is writing in the school newspaper.* *State whether each response is positive, negative, or unsure by marking the appropriate column.*

	oui	non	incertain(e)
1.	____	____	____
2.	____	____	____
3.	____	____	____
4.	____	____	____

Comment exprimer ses sentiments

Exercice 6. Interview avec une star. *Listen to the following interview that* **Star magazine** *had with Fanon, a famous French movie star who has appeared in many films with her actor husband. Then complete the following sentences.*

1. Fanon dit que la jalousie est une partie de l(e) _____.

2. C'est la _____ fois qu'elle travaille avec son mari dans un film.

3. Elle admet que c'est parfois _____ de travailler avec son mari.

4. Fanon et Renault forment un couple presque _____.

5. Elle n'aime pas parler de sa vie _____.

6. Fanon explique qu'il lui est difficile de donner des interviews parce qu'elle est _____.

PRONONCIATION ET ORTHOGRAPHE

Showing emphasis, discriminating between **aller** and **avoir** in the subjunctive

A. L'accent et l'intonation. *To be emphatic in English, you may simply say a word louder and with greater stress. Any word in a sentence may be highlighted in this way, depending on one's meaning. French is less flexible. Since only the final syllable of a rhythmic group may be stressed, you need to use another strategy. One way to express emphasis is to use stress pronouns. Compare the following.*

I want to play tennis, but **he** wants to play golf.

Moi, je veux jouer au tennis, mais **lui,** il veut jouer au golf.

You may place the stress pronouns at the end or beginning of the sentence to communicate stress.

He doesn't play basketball at all.

Il ne joue pas du tout au basketball, **lui.**

They like jazz. **We** like rock music.

Eux, ils aiment le jazz. **Nous,** nous aimons le rock.

Emphasize the subject of the following sentences by adding an appropriate stress pronoun. Check your response with the model that follows.

Modèle : Vous entendez : Il est beau.
Vous dites : **Il est beau, lui.**
Vous entendez : Il est beau, lui. (Lui, il est beau.)

1. Elle est belle.

2. Il est avocat.

3. Elle fait des sciences politiques.

4. Tu vas au concert. Je vais au cinéma.

5. Vous préférez la musique classique. Nous préférons le rap.

6. Nous ne sommes pas bêtes.

7. Ils vont à Chicago.

8. Elle aime les films d'amour. J'aime les films d'aventure.

B. *Ait* vs. *aille*. *Pronunciation of subjunctive verbs is fairly straightforward. However, many students confuse the subjunctive forms of* **avoir** *(j'aie, tu aies, il ait, ils aient) and* **aller** *(j'aille, tu ailles, il aille, elles aillent).*

• For the forms of **avoir,** think of the letter *a* in English.

• For the forms of **aller,** think of the sound francophones make when they are hurt. (It rhymes with *pie*).

Listen to the pronunciation of **avoir** *and* **aller** *in these sentences.*

—J'ai peur qu'il **ait** de la fièvre.

—Il faut qu'il **aille** à l'école tout de suite.

In the following sentences mark whether you hear the verb **avoir** *or* **aller.**

	avoir	aller
1.	_____	_____
2.	_____	_____
3.	_____	_____
4.	_____	_____
5.	_____	_____

Module 15
Il était
une fois…

COMPRÉHENSION AUDITIVE

Comment raconter une histoire (suite)

Exercice 1. Le lièvre et la tortue. _Do you recall the fable of the tortoise and the hare? First listen to the imaginary conversation between these two characters as they discuss their famous race. Then replay the segment and focus on the verb tenses used. Indicate if the verb you hear is in the **passé composé, imparfait,** or **plus-que-parfait.**_

	passé composé	imparfait	plus-que-parfait
1. (gagner)	_____	_____	_____
2. (marcher)	_____	_____	_____
3. (s'endormir)	_____	_____	_____
4. (prendre)	_____	_____	_____
5. (avoir)	_____	_____	_____
6. (être)	_____	_____	_____
7. (dormir)	_____	_____	_____
8. (donner)	_____	_____	_____

Exercice 2. Et avant ça ? *For the stories indicated, select the option that describes what had happened before the event you hear described.*

Nouveau vocabulaire :

sonner	*to ring*
la course	*race*
Clochette	*Tinkerbell*

Cendrillon

1. « Cendrillon »

    a.   Cendrillon avait déjà dansé avec le Prince.

    b.   Le Prince avait déjà retrouvé sa pantoufle de vair.

    c.   Le carrosse de Cendrillon s'était déjà transformé en citrouille.

2. « Le Lièvre et la tortue »

    a.   Le lièvre avait gagné.

    b.   Le lièvre avait abandonné la course.

    c.   Le lièvre s'était endormi.

Le magicien d'Oz

3. « Le magicien d'Oz »

    a.   La bonne fée Glenda était morte.

    b.   La méchante sorcière était morte.

    c.   L'épouvantail *(scarecrow)* avait trouvé un cœur.

4. « Jacques et le haricot magique »

    a.   Il s'était rendu compte que les haricots étaient magiques.

    b.   Il avait rendu visite au géant.

    c.   Il avait vendu son âne *(donkey)* pour une poignée *(fistful)* de haricots.

Jacques et le haricot magique

5. « Peter Pan »

    a.   Les enfants avaient douté de l'existence des fées *(fairies).*

    b.   Peter Pan s'était tué.

    c.   Wendy s'était fâchée contre elle.

Les animaux et les contes

Exercice 3. Souvenirs d'enfance à la ferme. *Martin remembers what his summer vacation was like in the country visiting his aunt and uncle. When he pauses in each sentence, fill in the adverb form of the adjective listed. Then compare your pronunciation with Martin's as he continues his reflections.*

1. régulier	7.	sage
2. énergique	8.	vague
3. constant	9.	joyeux
4. incessant	10.	tranquille
5. vif	11.	parfait
6. attentif	12.	probable

Le septième art

Exercice 4. Le film *Élisa*. *Carole and Sandrine discuss a new film, **Élisa**. Based on their conversation, complete the sentences that follow. You may need to listen more than once.*

1. _____ a vu le film *Élisa* avec Carole.

   a. Sandrine
   b. Richard
   c. Vanessa

2. Vanessa Paradis est

   a. actrice et chanteuse.
   b. l'amie de Carole.
   c. la fille de Gérard Depardieu.

3. Elle joue le rôle d'une

   a. mère qui se suicide.
   b. jeune fille qui cherche son père.
   c. chanteuse qui a un enfant.

4. Serge Gainsbourg a fait

   a. le film.
   b. la musique.
   c. la mise en scène.

5. Sandrine décide de/d'

   a. ne pas travailler ce week-end.
   b. ne pas aller voir le film ce week-end.
   c. aller voir le film ce week-end.

Exercice 5. Si vous étiez metteur en scène. *Thierry and Dylan are film school students who enjoy talking about what they would do if they were directors. Listen to their conversation and select the appropriate endings.*

1. Si Thierry était un metteur en scène très connu comme Spielberg,

   a. il donnerait beaucoup d'argent pour des activités bénévoles.
   b. il s'achèterait une belle maison à Beverly Hills.
   c. il ferait un petit film intime sans effets spéciaux.

2. Si Dylan était un metteur en scène français,

    a. il viendrait à Hollywood pour travailler.
    b. il tournerait un film en anglais.
    c. il ferait un grand film avec beaucoup d'effets spéciaux.

3. Si Thierry avait l'argent de le faire,

    a. il ferait un documentaire sur les gitanes *(gypsies)* en France et en Italie.
    b. il ferait un documentaire sur le festival de musique techo en Allemagne.
    c. il s'achèterait une grande Mercedez.

4. Dylan choisirait _____ comme actrice dans son premier film.

    a. Elodie Bouchez
    b. Juliette Binoche
    c. Agnès Varda

Comment parler de la littérature

Exercice 6. Un conte de fée. *You will hear a reading of « **Le Petit Chaperon rouge** », beginning when she arrives at Grandmother's house. In the pauses, repeat after the speaker.*

Peu de temps après, le Petit Chaperon rouge arriva à la maison de la grand-mère et frappa à la porte.

« Qui est-ce ? » demanda le loup, déguisé en grand-mère.

« C'est moi, grand-mère », répondit le Petit Chaperon rouge.

La petite fille entra dans la maison et ne reconnut pas le loup dans le lit.

Celui-ci lui dit : « Viens te coucher près de moi, ma petite ».

Le Petit Chaperon rouge vint près de lui et se coucha dans le lit.

Cependant, elle remarqua quelque chose d'étrange.

« Grand-mère, que vous avez de grandes jambes ! », s'exclama-t-elle.

« C'est pour mieux marcher, mon enfant », expliqua-t-il.

« Que vous avez de grandes oreilles ! »

« C'est pour mieux entendre, mon enfant. »

« Que vous avez de grands yeux ! »

« C'est pour mieux te voir, mon enfant. »

« Que vous avez de grandes dents ! »

« C'est pour mieux te manger ! » s'écria-t-il.

La fin de cette histoire est bien triste.

Le loup mangea le pauvre Petit Chaperon rouge qu'il dégusta avec la galette et le petit pot de beurre.

Cinq personnages de la littérature française

Exercice 7. Personnages littéraires. *Listen and identify the literary character being described.*

1. _____
2. _____
3. _____
4. _____
5. _____
6. _____
7. _____
8. _____

a. Tristan
b. Maigret
c. Astérix
d. Mme Bovary
e. Cyrano de Bergerac
f. Iseut
g. le Petit Prince
h. Tartuffe

PRONONCIATION ET ORTHOGRAPHE

Pronouncing the letter combination **gn;** difficult-to-pronounce words

A. La combinaison gn. *The sound of* **gn** *is somewhat like the sound of* **ny** *in* canyon. *Pronounce the following words after the speaker.*

campagne	montagne	agneau	oignon	gagner
champignon	ligne	champagne	magnifique	espagnol

B. Des mots-pièges. *The following French words typically cause difficulties. Repeat after the speaker.*

femme	une ville	l'aéroport	monsieur
faim	tranquille	au printemps	le corps
fille	vieille	faux	voulu
fils	que j'aille	aux États-Unis	un œuf

Guide vidéo
(Video Guide)

Module 1
Les camarades
et la
salle de classe

Scènette 1	**Une rencontre entre amis**
Scènette 2	**Une rencontre entre collègues**
Scènette 3	**Au restaurant universitaire**
Mini-drame	**Bonjour !**
Publicité	**Bonjour café au lait à la chicorée de Nestlé**

Anticipation

*In the **scènettes** you are about to watch, you will see people greeting each other. When you greet your friends, do you generally shake hands? Give them a hug? Keep your hands in your pockets?*

Activité de visionnement

Observez ! *Watch the first three **scènettes** without sound and select the reply you expect to hear.*

SCÈNETTE 1   UNE RENCONTRE ENTRE AMIS

ÉTUDIANT 1   Salut, Jean-Marie, ça va ?

ÉTUDIANT 2   a. Très bien, merci, et vous ?
              b. Ça va, et toi ?

ÉTUDIANT 1   Ça va.

SCÈNETTE 2   UNE RENCONTRE ENTRE COLLÈGUES

COLLÈGUE 1   Bonjour, monsieur, comment allez-vous ?

COLLÈGUE 2   a.   Ça va très bien, merci.
              b.   Très bien, merci, et vous ?

COLLÈGUE 1   Très bien, je vous remercie.

SCÈNETTE 3   AU RESTAURANT UNIVERSITAIRE

ÉTUDIANT 1   Est-ce que tu es d'ici ?

ÉTUDIANT 2   a.   Non, je suis de Marseille, et toi ?
              b.   Non, je suis étudiant.

ÉTUDIANT 1   Moi, je suis belge. Je suis de Bruxelles.

ÉTUDIANT 2   a.   Tu aimes Marseille ?
              b.   Tu aimes Paris ?

ÉTUDIANT 1   Oui, beaucoup. C'est une ville extraordinaire.

Activité de compréhension

Now watch the three scenes with sound and check your answers.

MINI-DRAME   BONJOUR !

Activités de visionnement

Observez ! *Watch the scene without sound and answer the following questions.*

1.   Where does the scene take place?
     a.   Dans une salle de classe
     b.   Dans un bureau de l'université
     c.   Dans une maison

2.   Check off the items you see in the video from the list below. You may need to view the scene more than once.

_____	un bureau	_____	une horloge
_____	un cahier	_____	un livre
_____	des chaises	_____	un ordinateur
_____	un crayon	_____	une porte
_____	un étudiant	_____	un professeur
_____	une étudiante	_____	un sac à dos *(backpack)*
_____	des fenêtres	_____	un tableau

_____   un stylo   _____   des téléphones

_____   une table

Décrivez ! *Describe Paul, Mme Lambert, Anne, and Marie. What do they look like? What are they wearing?*

	Description physique (cheveux, yeux, etc.)	**Vêtements**
Paul		
Mme Lambert		
Anne		
Marie		

Activités de compréhension

1. Which greeting is more formal, the one between Paul and the professor, or the one with Paul and his classmates?

   _____

   Listen to the greetings closely and jot down some words that helped you identify the difference.

   Paul : _____

   le professeur : _____

   Paul : _____

   Anne : _____

   Marie : _____

2. The three students in the scene attend classes in Québec. They say that they come from « trois pays *(countries)* différents » and « trois continents différents. » Complete the chart with the places of origin of Paul, Anne, and Marie.

Nom	**Ville et pays d'origine**	**Continent d'origine**
Paul Poireau		
Anne Jourdan	Québec	Amérique du Nord
Marie Diop		

PUBLICITÉ   BONJOUR CAFÉ AU LAIT À LA CHICORÉE DE NESTLÉ

Vocabulaire clé

Noms

le café au lait	*coffee with milk*
la chicorée	*chicory*
le jour	*day*
le petit déjeuner	*breakfast*
le réveil	*awakening*

Adjectifs

fini(e)	*finished, over*
instantané(e)	*instant*
en douceur	*gentle, smooth*

Note: The crushed root of the chicory plant is often used as a coffee substitute or is mixed with coffee to reduce its caffeine content.

Activités de compréhension

Watch the commercial all the way through and answer the following questions.

1. Listen for the use of the name of the product. How many times does the word **bonjour** occur?

   _____

2. Why do you think the commercial says that **Bonjour café** gives those who drink it **un réveil en douceur**?

   _____

PUBLICITÉ   BONJOUR CAFÉ AU LAIT À LA CHICORÉE DE NESTLÉ

Module 2
La vie
universitaire

Scènette	**Une nouvelle camarade de chambre**
Mini-drame	**En classe**
Document	**Concerts à Québec : Jaojoby, Zachary Richard et Jean Leloup**
Publicités	**A. Anti-Tabac du Comité français d'éducation pour la santé**
	B. Minute Soup crème d'asperges de Royco

Anticipation

Do you know someone who doesn't get along with his or her roommate? Is it because of conflicting personalities? Different likes and dislikes? Explain.

SCÈNETTE   UNE NOUVELLE CAMARADE DE CHAMBRE

Activité de visionnement

Observez ! *Watch the video without sound to complete the following sentences.*

Il y a (deux / trois) jeunes femmes dans un (café / restaurant). La femme qui parle a les cheveux (blonds /

roux / bruns). Elle (est / n'est pas) très contente.

Activité de compréhension

Listen to the young woman talk about her roommate. Then indicate which statements refer to the young woman herself and which ones refer to the roommate.

	Speaker	Roommate
1. Elle est sociable.	_____	_____
2. Elle aime la solitude.	_____	_____
3. Elle aime le rock.	_____	_____
4. Elle aime la musique classique.	_____	_____
5. Elle aime fumer.	_____	_____
6. Elle ne fume pas.	_____	_____

MINI-DRAME EN CLASSE

Anticipation

On the first day of the semester, what do you expect to take place in class?

_____ meet the professor   _____ go over homework

_____ meet other students   _____ see old friends

_____ find out about the class   _____ students arrive late

_____ find out about the professor   _____ the professor arrives late

_____ find out about classmates   _____ the professor hands out a syllabus

_____ find out about the textbooks   _____ the professor calls roll

other: _____

Activités de visionnement

1. Look at what you predicted for the first day of class in Anticipation and underline those events that actually occurred in the scene.

2. Watch the video and indicate whether the following describe André or the professor.

André	M. Kasongo	Description
		Il a les cheveux bruns.
		Il porte des lunettes.
		Il est calme.

André	M. Kasongo	Description
		Il a les cheveux courts et frisés.
		Il porte une chemise bleue.
		Il porte une veste.

Activités de compréhension

*View the video again and indicate whether the following statements are **Vrai** (true) or **Faux** (false).*

	Vrai	Faux
Paul est fatigué.	_____	_____
André fait des maths.	_____	_____
Le professeur est de la République démocratique du Congo.	_____	_____
C'est un cours d'histoire.	_____	_____
Anne est absente.	_____	_____
André fait attention quand le professeur parle.	_____	_____
Monique aide André avec ses calculs.	_____	_____

DOCUMENT CONCERTS À QUÉBEC : JAOJOBY, ZACHARY RICHARD ET JEAN LELOUP

Anticipation

1. Have you ever been to a music festival? Did you enjoy it? What was the best aspect of the festival?

2. What type of music do you prefer?

   le rock, le jazz, les blues, le folk, le pop, le rap, la salsa, le techno, autre: _____

Vocabulaire clé

Noms

un festival d'été	*summer (music) festival*
un mélange	*mixture*
un rocker	*rock musician*
le zydeco	*Cajun music from Louisiana*

Expressions

| sans frontières | *without borders* |

Activités de compréhension

Fill in the chart below for each singer you see in the video. You may select from the following:

Pays *(country)* d'origine   le Canada, les États-Unis, le Madagascar
Style de musique   le zydeco, le rock, la world music
Votre réaction   J'aime un peu / bien / beaucoup.
      Je n'aime pas beaucoup / pas du tout.

Nom	Pays d'origine	Style de musique	Votre réaction
Jaojoby			
Zachary Richard			
Jean Leloup			

PUBLICITÉS
A. ANTI-TABAC DU COMITÉ FRANÇAIS D'ÉDUCATION POUR LA SANTÉ

Vocabulaire clé

Noms
l'aventure *(f.)*   *adventure*
l'espace *(m.)*   *space*
la liberté   *freedom*
la nature   *nature*

Verbe
garder   *to keep*

Adjectifs
sauvage   *wild*
intacte   *untouched*

Contrastes et observations

1. On what original commercial is this antismoking advertisement based?

    _____

2. The French are quite familiar with this brand of cigarettes. What American images do you think appeal to the French?

    _____

    _____

Activité de compréhension

Review the vocabulary for this antismoking advertisement. Now watch the commercial once or twice and see how much you can understand. How does it discourage smoking?

_____

_____

Note: The antismoking slogan of the commercial is **Fumer, c'est pas ma nature.** Negatives without **ne** are characteristic of colloquial speech.

B. MINUTE SOUP CRÈME D'ASPERGES DE ROYCO

Vocabulaire clé

Mots apparentés
adorer
le contraste
la crème
le croûton

Adjectifs
croquant(e)	*crispy, crunchy*
onctueux(euse)	*smooth, creamy*
savoureux(euse)	*tasty*

Noms
l'asperge *(f.)*	*asparagus*
le champignon	*mushroom*
le coq	*rooster*

Expressions
à la fois	*at the same time*
ça tombe bien	*that's fortunate*
l'onctueux de la crème d'asperges	*the creaminess of the cream of asparagus soup*
ils sont servis	*they're served*

Activités de compréhension

Watch the video and answer the following questions.

1. Remember that the theme of the commercial is **Les Français aiment les contrastes.** What contrasts are mentioned in the ad?

   _____

   _____

2. The theme of **les coqs** runs through the entire commercial. **Le coq** is a symbol for France.

   a. What is the emblem of Royco?

   _____

   b. Do you know of another French product that has the **coq** as an emblem?

   _____

   c. Why is the soup called "Minute Soup"?

   _____

Module 3
Chez
l'étudiant

Scènette 1	**L'appartement**
Scènette 2	**Un nouvel appartement**
Mini-drame	**Un petit studio**
Publicité	**Stylo de Reynolds**

Anticipation

Have you ever been taken on a tour of an apartment you were thinking of renting? What kinds of things were you shown?

Vocabulaire clé

Noms

le balcon	*balcony*
le canapé	*couch*
la cuisine	*kitchen*
la cuisinère	*stove*
le divan	*sofa*
le fauteuil	*armchair*
le lave-vaisselle	*dishwasher*
la machine à café-expresso	*coffeemaker*
la prise	*electrical outlet*
le réfrigérateur	*refrigerator*
la salle de séjour	*living room*
la table basse	*coffee table*

SCÈNETTE 1   L'APPARTEMENT

Activité de visionnement

Observez ! Watch the first **scènette** without sound, stopping the video in each room to check off the objects you see.

Pièces	Objets	Oui	Non
1. la salle de séjour	une grande télévision	___	___
	un canapé	___	___
	des fauteuils	___	___
	un bureau	___	___
2. la salle à manger	des fleurs sur la table	___	___
	des livres sur l'étagère	___	___
3. la cuisine	des meubles (*furniture*) blancs	___	___
	un lave-vaisselle	___	___
	une table	___	___
4. la chambre	un lit	___	___
	un fauteuil	___	___
	une armoire	___	___
	un petit balcon	___	___

SCÈNETTE 2   UN NOUVEL APPARTEMENT

Activité de visionnement

Observez ! Watch the entire scene without sound and select the best option to complete the following sentences.

1. L'appartement est

    a. grand et somptueux.
    b. petit et assez modeste.
    c. très moderne.

2. L'homme et la femme sont

    a. frère et sœur.
    b. deux camarades de chambre.
    c. un couple.

3. L'homme et la femme

    a. emménagent (*are moving in*).
    b. déménagent (*are moving out*).
    c. font des préparations pour une soirée.

4. La femme

   a. aide l'homme avec le travail.
   b. donne des directives à l'homme.
   c. écoute la stéréo.

Activité de compréhension

View the video with sound and circle the directions that Pauline gives Pierre to move the picture.

1. un peu plus… bas / à gauche / à droite / haut

2. un peu plus… à droite / à gauche / bas

3. c'est trop… à gauche / à droite / haut / bas

4. un peu… haut / à droite / plus bas / à gauche

MINI-DRAME UN PETIT STUDIO

Anticipation

In the scene you are about to see, Christine is inquiring about a studio to rent. If you were renting a studio or an apartment, what details might you discuss with the landlord?

Vocabulaire clé

Noms		Verbes	
le bidet	*bidet*	recevoir	*to receive*
la douche	*shower*	rester	*to stay*
l'étage (m.)	*floor, story*	voir	*to see*
le lavabo	*sink*		
le réchaud	*hot plate*		

Activité de visionnement

Observez ! *Watch the first minute of the video. In what part of the building do you think the apartment is located? What gives you this impression?*

Activité de compréhension

Watch the video with sound and complete the following script. You may need to listen two or three times.

CHRISTINE   Bonjour, madame. Je suis Christine Mauger, je viens pour _____.

MME VINCENT   Oui, mademoiselle, entrez. Voilà.

CHRISTINE   Il y a beaucoup de _____. C'est bien _____, n'est-ce pas ?

MME VINCENT   Oui, mademoiselle, tous les meubles que vous voyez ici restent dans le studio. La table avec

son banc, la _____, le canapé-lit, le _____,… et même

le _____.

CHRISTINE   Et pour la _____ ?

MME VINCENT   La cuisine... Vous avez _____, le four, des placards, la machine à laver,

l'évier et des plaques de cuisson.

CHRISTINE   Parfait, mais il n'y a pas de _____ ?

MME VINCENT   Si. Il y a une _____. Voilà la baignoire, _____, le

lavabo, les toilettes…

CHRISTINE   C'est un peu cher, mais c'est près de _____.

MME VINCENT   Vous êtes _____ ?

(plus tard)

CHRISTINE   _____ c'est bien 2 500 francs par mois. Mais les _____, alors ?

MME VINCENT   Les charges en plus. Il y a le gaz, l'électricité et _____.

CHRISTINE   Bon, je crois que ça va aller. Je le _____.

Contrastes et observations

*Is it obvious that the characters and setting in the **mini-drame** are not American? What are the differences between this student apartment and the student apartments in your town?*

_____

_____

_____

PUBLICITÉ
STYLO DE REYNOLDS

Vocabulaire clé

Noms

le papa	*dad*
le trait	*stroke of a pen; feature*

Expressions

Papou, Papidou(x), Dadidou(x)	*(baby talk) daddy*
trait pour trait	*feature for feature*

Activité de compréhension

Watch the commercial all the way through. Then answer the following questions.

1. What is the feeling or emotion the commercial tries to create? Does it succeed?

   _____

2. What does the little girl call her father?

   _____

3. Which phrase in the commercial suggests that the little girl looks like her father?

   _____

4. Which part of the commercial is in black and white? Which part is in color? What colors do you see? Why do you think both black and white and color are used?

   _____

   _____

   _____

5. Where do you think the commercial takes place? How can you tell?

   _____

   _____

   _____

Un pas en avant

These are informal words for other members of the family. Many of them come from children's language.

Standard word	**Child's word**
la mère	maman
l'oncle	le tonton
la tante	la tantine, la tata
le grand-père	le grand-papa, le pépère
la grand-mère	la grand-maman, la mémère, la mémé

Do you still use names you used as a child to address your father, mother, or other members of the family? What are they?

_____

_____

Module 4
Travail
et
loisirs

Scènette 1	**Chez une amie**
Scènette 2	**Travaillons ensemble**
Scènette 3	**Des goûts différents**
Publicité	**Petits Cœurs de Belin**

Anticipation

In the **scènettes** *you are about to watch, you will see people talking about work and leisure activities. What activities take up most of your time? List the top five.*

Vocabulaire clé

Noms

un exposé	*oral presentation*
un goût	*taste*
un joueur	*player*

Adjectifs

chargé(e)	*full; busy*
libre	*free*
occupé(e)	*busy*

Verbes

être doué (e) pour	*to be good at*
se faire mal	*to hurt (a part of the body)*

Expressions

C'est bon pour la santé.	*It's good for your health.*
dommage	*too bad*
Tu veux venir ?	*Do you want to come?*

SCÈNETTE 1   CHEZ UNE AMIE

Activité de visionnement

When you visit someone's house for the first time, whom do you expect to meet? Check off your responses on the list in column A. Then watch the video and check off in column B the people Julie meets at Monique's house.

Colonne A
Probablement je vais connaître…

Colonne B
Julie fait la connaissance de…

_____

_____

_____

_____

_____

_____

_____

_____

_____

_____ la mère

_____ le père

_____ le(s) frère(s)

_____ la (les) sœur(s)

_____ les grands-parents

_____ l'oncle

_____ la tante

_____ le(s) cousin(s)

_____ les voisins

Activités de compréhension

Now watch the video again to get the following information.

1. Selon *(According to)* Monique, sa famille est

    a.   petite.
    b.   formidable.
    c.   active.

2. Qui est-ce, Mme Deschamps, M. Deschamps, Luc, Nicole, Marcel ou Julie ? Écrivez le nom de la personne décrite.

    _____ va voir *(to see)* son amie Monique.

    _____ est trés énergique.

    _____ est téléjournaliste.

    _____ a 7 ans.

    _____ est la petite sœur de Monique.

    _____ est le frère de Mme Deschamps.

    _____ veut être danseuse.

    _____ est professeur.

    _____ est ingénieur.

    _____ est l'oncle de Monique.

    _____ est le petit frère de Monique.

    _____ a 11 ans.

    _____ veut être joueur de football.

SCÈNETTE 2   TRAVAILLONS ENSEMBLE

Activité de compréhension

A. Watch the video focusing on Monique's schedule. Fill in her agenda.

9 h 00	
10 h 00	
11 h 00	
12 h 00	
1 h 00	
2 h 00	
3 h 00	
4 h 00	
5 h 00	
6 h 00	
7 h 00	
8 h 00	
9 h 00	
10 h 00	

B. When do André and Monique decide to meet?

    a.   aujourd'hui à 2 h 00 de l'après-midi
    b.   aujourd'hui à 10 h 00 du soir
    c.   demain à 2 h 00 de l'après-midi
    d.   demain à 10 h 00 du soir

SCÈNETTE 3 DES GOÛTS DIFFÉRENTS

Activité de visionnement

Observez ! Watch the segment without sound to pick up visual clues about Jean (who is opening his trunk) and Alain (with the guitar). Which adjectives would you associate with each?

Adjectif	Jean	Alain	Adjectif	Jean	Alain
sympathique			triste		
enthousiaste			actif		
désagréable			intellectuel		
sportif			mince		
réservé			beau		
grand			agressif		
fort			brun		
petit			intelligent		
sérieux			sociable		

Activités de compréhension

A. View the video with sound to determine what the title of the video, « **Des goûts différents** » (Different Tastes), is referring to. Complete the sentences appropriately.

Jean aime _____. Alain préfère _____.

B. Now view the video again and select the best answer to complete each of the following sentences.

1. Alain joue

    a.   du rock.
    b.   de la guitare classique.
    c.   du folk.
    d.   du piano.

2. Jean joue au

    a.   football.
    b.   hockey.
    c.   tennis.
    d.   rugby.

3. Samedi, Alain

    a. va à un match de rugby.
    b. va à un concert.
    c. donne un récital.
    d. joue du piano.

4. Samedi, Jean

    a. a un match de rugby.
    b. va à un concert.
    c. va au récital d'Alain.
    d. joue de la guitare.

5. Alain déteste

    a. la guitare.
    b. le rugby.
    c. la musique classique.
    d. la santé.

C. *Now go back to your list of adjectives above. Are there any revisions you would like to make after having studied this video segment? What added information helped you to refine your judgments?*

_____

Contrastes et observations

Which gestures of Jean and Alain seem particularly French?

_____

PUBLICITÉ   PETITS CŒURS DE BELIN

Anticipation

What are your favorite food commercials? Do they focus on the food item or on something else? What makes them effective?

Vocabulaire clé

Nom		**Verbe**	
le cœur	*heart*	grignoter	*to nibble on*

Adjectifs		**Expressions**	
craquant(e)	*crunchy*	peut-être	*maybe*
croquant(e)	*crisp*	tendrement	*tenderly*
mignon(ne)	*cute*		
sucré(e)	*sugary*		
tendre	*tender*		

Activité de visionnement

Observez ! *Watch the commercial without sound and circle the adjectives that seem to describe the woman.*

belle	élégante	tendre	bavarde
cruelle	distante	triste	décontractée
sympathique	nerveuse	riche	gâtée

Activités de compréhension

Answer the following questions.

1. What happens in the commercial? Can you outline the action? How does the demeanor of the man change during the ad?

   _____

   _____

   _____

2. Notice how the man's speech also changes from the beginning of the commercial to the end. He begins speaking formally and dramatically:

   Peut-être que je suis comme toi.

   After he's out in the rain, he says,

   P't-ête que j'suis mignon, j'suis tendre.

   What does this change reflect? Think of an example in English when style differences result in pronunciation changes.

   _____

3. Indicate whether each adjective refers to the cookies, to the man, or to both.

Adjectif	Petits Cœurs	l'homme	les deux
craquant			
croquant			
mignon			
petit			
sucré			
tendre			

4. Whom does this ad target? Is it effective? How?

   _____

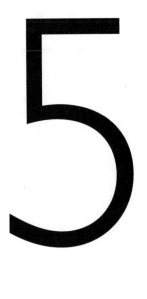

Module 5
On
sort ?

Scènette 1   **Au pare**
Scènette 2   **On commande des boissons**
Scènette 3   **L'addition, s'il vous plaît**
Mini-Drame   **Jean-Marie n'a pas de chance**
Publicité   **Badoit**

Anticipation

In the scenes you are about to see, friends are getting together or making plans to meet. Where do you go to meet your friends?

Vocabulaire clé

Nom
le verre   *glass*

Verbe
lire   *to read*

Expressions
au bout de la rue   *at the end of the street*
messieurs-dames   *ladies and gentlemen (plural polite form)*

SCÈNETTE 1   AU PARC

Activités de visionnement

Observez ! *Watch the beginning of the video without sound. What gestures are used in greeting?*

Activités de compréhension

A. *Now play the first part of the video with sound and answer the following questions.*

1. What greeting is used by Monique's parents?

    a. Bonjour.
    b. Enchanté(e).
    c. Très heureux(euse).

2. What greeting does Sébastien use?

    a. Bonjour.
    b. Enchanté(e).
    c. Très heureux.

3. What topic is used to start the conversation?

    a. le temps *(weather)*
    b. les sports
    c. la musique

B. *Watch the entire video as many times as you need to complete the following.*

1. Mme Deschamps n'aime pas

    a. lire.
    b. faire des promenades.
    c. faire du sport.

2. Sébastien aime _____ faire du jogging.

    a. un peu
    b. bien
    c. beaucoup

3. Avant d'inviter Monique au concert, Sébastien demande si *(if)* elle

    a. est libre dimanche soir.
    b. aime la musique.
    c. veut sortir avec lui.

4. Monique

    a. est libre dimanche.
    b. est occupée lundi.
    c. n'est pas libre mardi.

5. Quand Sébastien propose d'aller au concert mercredi, Monique répond

    a. Euh—je ne peux pas.
    b. Oui, je veux bien.
    c. Très volontiers.

SCÈNETTE 2   ON COMMANDE DES BOISSONS

Activité de visionnement

Observez ! *Watch the brief segment without sound and complete the sentence below.*

Le jeune couple est

a. à la terrasse d'un café.
b. dans un café avec beaucoup d'amis.
c. dans un café tout seul.

Activité de compréhension

Play the segment with sound and write down the order as if you were the waiter.

```
┌─────────────────────────┐
│                         │
│   _____ │
│                         │
│   _____ │
│                         │
│   _____ │
│                         │
│   _____ │
│                         │
│   _____ │
│                         │
│   _____ │
│                         │
└─────────────────────────┘
```

SCÈNETTE 3   L'ADDITION, S'IL VOUS PLAÎT

Activités de visionnement

Observez ! *Watch the video without sound.*

1. Decide which of the following problems the American student is facing.

   a. He doesn't have the money to pay for the drinks.
   b. He wants to order another drink.
   c. He doesn't see the check on the table.

2. What does the waiter do with the check when it has been paid? Why would he do this?

   _____

Activité de compréhension

View the video with sound. In the column on the left, check off the drinks the two people had. Then play the video again and fill in the cost of each drink and the total in the right-hand column.

_____	un citron pressé	____ F	_____
_____	un demi	____ F	_____
_____	un express	____ F	_____
_____	un coca	____ F	_____
_____	un orangina	____ F	_____
	TOTAL	____ F	_____

MINI-DRAME JEAN-MARIE N'A PAS DE CHANCE

Anticipation

In the scene you are about to see, Jean-Marie is having trouble finding someone to go to the movies with him. What problems might he encounter while phoning several of his friends?

Vocabulaire clé

Verbes

avoir de la chance	*to be lucky*
avoir l'air en forme	*to seem in good shape*
avoir envie de	*to want to*
comprendre	*to understand*
essayer	*to try*
raccrocher	*to hang up*

Adjectifs

franc(he)	*frank, honest*
occupé(e)	*busy*

Expressions

Ah zut !	*Shoot! Darn!*
à l'appareil	*speaking (on the phone)*
Ce n'est pas la peine.	*That's all right. (It's not necessary.)*
Volontiers !	*Sure, I'd like to !*

Activité de visionnement

Observez ! *Watch the video without sound. What differences and similarities do you notice about using a public phone in France as compared to in the United States?*

_____

_____

Activités de compréhension

A. *View the segment of Jean-Marie's first phone call to Christine. Respond **vrai** or **faux** to the following statements.*

		Vrai	Faux
1.	Christine n'est pas chez elle.	_____	_____
2.	Jean-Marie invite Christine au cinéma et au restaurant.	_____	_____
3.	Christine n'aime pas la cuisine chinoise.	_____	_____
4.	Christine a déjà des projets pour ce soir-là.	_____	_____
5.	Demain elle va au cinéma avec ses amies.	_____	_____
6.	La semaine prochaine elle va sortir avec Michel.	_____	_____
7.	Christine ne veut pas sortir avec Jean-Marie.	_____	_____

B. *Now watch the segment as Jean-Marie calls Caroline. Complete each sentence appropriately.*

1. La première fois que Jean-Marie appelle Caroline, la ligne est _____.

2. Caroline passe le week-end avec _____.

3. Jean-Marie ne laisse pas de _____.

C. *Finally, watch the video as Jean-Marie leaves the phone booth. Answer the questions below.*

1. Pourquoi est-ce que Jean-Marie est triste ?

_____

2. Pourquoi est-ce qu'il est content à la fin ?

_____

PUBLICITÉ   BADOIT

Anticipation

The French consider mineral water to be healthy, even therapeutic, and they consume more of it than other Europeans. Do you ever buy mineral water? Why or why not?

Vocabulaire clé

le repas   *meal*
la vie   *life*

Activités de compréhension

Watch the video with sound and answer the following questions.

1. What is the setting of the commercial? What elements create the "elegant" tone?

_____

2. While many commercials use famous or good-looking people to sell their products, only the waiter is seen in this ad. How is the party itself evoked? Is this an effective technique?

_____

_____

3. Based on this ad, what do the makers of Badoit want consumers to believe?

_____

4. There are many brands of mineral water. Does the ad make you want to try Badoit? Why or why not?

_____

Module 6
Qu'est-ce qui s'est passé ?

Scènette	**J'ai mangé un snack**
Mini-drame	**Les vacances**
Publicités	**A. E.D.F.—Électricité de France**
	B. Skip micro-liquide des Laboratoires Skip

Anticipation

When you were a child, did adults sometimes seem to interrogate you about your activities?

Vocabulaire clé

pas grand-chose *nothing much*
sage *well-behaved*

SCÈNETTE J'AI MANGÉ UN SNACK

Activité de visionnement

Observez ! *Watch the silent introduction to the scene. Check off the items you see in the video from the list below. You may need to view the segment more than once.*

_____ les gens sont assis *(seated)*   _____ le garçon joue au foot

_____ les gens parlent   _____ le garçon discute

_____ les gens mangent   _____ le garçon joue aux cartes

Activité de compréhension

Watch the entire scene with sound. Then decide if the following statements are **vrai** or **faux**. You may need to view the scene two or three times.

		Vrai	Faux
1.	Eric a été sage aujourd'hui.	_____	_____
2.	Il n'est pas allé à l'école.	_____	_____
3.	Il a passé un examen de français.	_____	_____
4.	Après l'école, il est retourné à la maison.	_____	_____
5.	À son retour, il n'a pas mangé.	_____	_____
6.	Il a pris du pain au chocolat.	_____	_____
7.	Il a fait ses devoirs.	_____	_____
8.	Il a oublié son cahier à l'école.	_____	_____

MINI-DRAME LES VACANCES

Anticipation

In the scene you are about to see, Marthe is reluctant to accompany her friends on vacation. How would you encourage someone to take a break from work or study? What reasons might someone give for not taking a break?

Vocabulaire clé

Noms

l'allumette (f.)	match
l'ampoule (f.)	blister
le bois	wood
le feu	fire
la forêt	forest
le paysage	countryside
la randonnée	hike
la tente	tent

Verbes

allumer	to light
s'échapper (de)	to escape
enlever	to remove
s'inquieter	to worry
monter	to put up
paraître	to seem
rattraper	to catch up
respirer	to breathe

Adjectifs

épuisé(e)	exhausted
fauché(e)	broke (slang)
léger (légère)	light
tenté(e)	tempted

Expressions

au moins	at least
Ça te ferait du bien.	It would do you good.
en forme	in shape
Je te jure.	I swear.
Revenons sur nos pas.	Let's retrace our steps.

Activités de visionnement

Observez !

A. Watch the first scene without sound and select the best option to complete the following statements.

1. Jean-Marie et Marthe sont _____.

   a. au resto-U.
   b. dans un restaurant en ville.
   c. au café.

2. C'est _____ qui parle le premier / la première.

   a. Jean-Marie
   b. Marthe

3. C'est _____ qui est plus animé(e). _____ est plus réticent(e).

   a. Marthe / Jean-Marie
   b. Jean-Marie / Marthe

4. À la fin, Marthe

   a. est un peu plus positive.
   b. est un peu plus négative.
   c. n'a pas changé.

B. *Check off what you might say to encourage a friend to go on a weekend hiking trip with you and some other friends. Then check off the excuses you might give for not going.*

Encouragement:	**What I would say**	**What I heard**	
	_____	_____	Tu travailles trop.
	_____	_____	Ça te ferait du bien.
	_____	_____	Ce n'est pas difficile.
	_____	_____	Nous n'allons pas aller loin.
	_____	_____	Tu es bien capable de le faire.
	_____	_____	Tu donnes trop d'excuses.

Excuses:	**What I would say**	**What I heard**	
	_____	_____	Je préfère rester en ville. J'ai beaucoup de travail pour mes cours.
	_____	_____	Je n'aime pas la nature.
	_____	_____	J'ai peur des insectes.
	_____	_____	Je suis fauché(e).
	_____	_____	Il faut que je me rattrape *(catch up)*.
	_____	_____	Je ne suis pas en forme pour faire une randonnée.
	_____	_____	Je ne veux pas aller avec toi.
	_____	_____	J'ai du travail.

Activités de compréhension

A. Listen to the first scene of the video two or three times. In the column marked "What I heard" in Exercise B, page 245, check the phrases you actually hear. Then compare them with the ones you selected.

B. Play the video to the scene where the two young women rest under the trees. Check off the things they talk about.

_____ la nature	_____ le beau temps	_____ les arbres	_____ le calme
_____ les cours	_____ les amis	_____ les fleurs	_____ les oiseaux
_____ l'air pur	_____ la fatigue	_____ les professeurs	_____ la musique

C. Read the following statements before viewing the rest of the video. Then watch the whole **mini-drame** and mark the blanks **vrai** or **faux**.

a. _____ Marthe est étudiante.

b. _____ Marthe n'a pas beaucoup d'argent.

c. _____ Marthe et les autres étudient à Nice.

d. _____ Jean-Marie est en forme.

e. _____ Jean-Marie porte la tente de Marthe.

f. _____ Les chaussures de Jean-Marie sont neuves.

g. _____ Jean-Marie est trop fatigué pour continuer.

h. _____ Marthe ne sait pas monter la tente.

i. _____ Jean-Marie a des allumettes.

PUBLICITÉS
A. E.D.F. — ÉLECTRICITÉ DE FRANCE

Vocabulaire clé

Mots apparentés
la démonstration
l'électricité (f.)
électrique
nucléaire

Verbes
casser	to break
percer	to make a hole in
suivre	to follow

Noms
le crétin	idiot
le moyen	means
l'oreille (f.)	ear
la perceuse	drill

Adjectifs
fichu(e)	darned, damned, blasted
tranquille	at peace, at ease

Expressions
casser les oreilles à quelqu'un	to deafen someone
devrais-je dire	should I say
électrique ou pas	whether it's electric or not

grâce à	*thanks to*
il n'y a plus moyen de (+ inf.)	*there's no way to (+ infinitive) anymore*
même	*even*
on pourrait même dire	*one might even say*
ou plutôt	*or rather*

Activités de compréhension

A. *Study the vocabulary and watch the video. How does the attitude of the neighbor who comes to complain change? What is the key word in changing his attitude toward the noise of the drilling?*

_____

_____

B. *Indicate which words in column B are associated with the ideas in column A, based on the content of the commercial.*

	A		**B**
1. _____	casser les oreilles	a.	le mur
2. _____	percer	b.	dimanche
3. _____	75 % de l'électricité	c.	le crétin
4. _____	le jour de la semaine	d.	nucléaire
5. _____	l'homme de la perceuse	e.	la perceuse

C. *Complete the following sentences based on the commercial.*

1. Il n'y a plus _____ d'être tranquille.

2. Pour le premier voisin, c'est une _____ perceuse.

3. Le premier dit : « Votre perceuse me casse les _____ ».

4. Avec la perceuse, on perce les murs _____ à l'électricité.

5. La femme pense que le voisin est un _____.

6. En France, soixante-quinze pour cent de l'électricité est _____.

B. SKIP MICRO-LIQUIDE DES LABORATOIRES SKIP

Vocabulaire clé

Noms		**Verbes**	
le défi	*challenge*	accepter de (+ inf.)	*to agree to (do something)*
l'efficacité (f.)	*effectiveness*	faire peur à	*to frighten*
la preuve	*proof*	prouver	*to prove*
		salir	*to dirty, to soil*

Expressions

aucun défi	*no challenge*
en liquide	*in liquid form*
ne saurait faire peur à	*would not be able to frighten*
tout nouveau	*brand-new*

Activités de compréhension

A. *Look over the vocabulary and watch the commercial. A significant portion of the text is written on the billboard over the shirt. Why is the shirt hanging there?*

_____

_____

B. *Watch the video again and answer the following questions.*

1. Can you outline the commercial even if you don't understand every word?

_____

_____

_____

_____

2. Who are the characters in the commercial? Since none of them speaks, we have to look at them to get to know them. What emotions do their faces reveal? Are they appealing? How would you react to a similar display?

_____

_____

3. The message over the shirt at the end of the commercial is different from the one at the beginning. What are the two messages? How do these two messages tell the advertiser's story?

_____

_____

Contrastes et observations

You may want to talk more about what you see in the video. The following words will be useful.

le cornet de glace	*ice cream cone*
un ballon de football	*a soccer ball*
une échelle	*a ladder*
un regard espiègle	*a mischievous look*

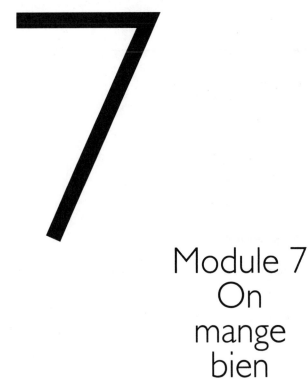

Module 7
On
mange
bien

Anticipation

When you grocery shop, what are your priorities? Freshness, service, price, convenience? Do you generally shop at a supermarket or at small shops? Why?

Vocabulaire clé

Nom		**Adjectifs**	
le filet	*traditional-style shopping bag made of string*	bien cuit(e)	*well-done (meat)*
		mûr(e)	*ripe*
Expressions		pas trop fait	*not very ripe (cheese)*
Ce n'est pas la saison.	*It's not the season.*		
Ce n'est pas la peine.	*It isn't necessary.*		
Et avec ceci ?	*And with this?*		

SCÈNETTE 1   À LA BOULANGERIE

Activité de visionnement

Observez ! *Watch the scene without sound and answer the following questions.*

Check off the items you see in the shop.

_____ du pain

_____ des biscuits

_____ des oranges

_____ des petits gâteaux

_____ du café

_____ des croissants

_____ du fromage

Activité de compréhension

View the video with sound two or three times in order to complete the following summary.

M. Vincent entre dans _____. Il dit « _____ » à la vendeuse. Il

achète une _____, trois _____ et _____ pain au

chocolat. Il paie _____F_____.

Contrastes et observations

What differences do you notice between this French bakery and a typical American bakery?

_____

SCÈNETTE 2   AU MARCHÉ

Activités de visionnement

A. Écoutez ! *Listen to the video without looking at the picture and check off all the fruits you hear mentioned.*

Heard	**Seen**		**Heard**	**Seen**	
_____	_____	des pommes	_____	_____	des fraises
_____	_____	des oranges	_____	_____	des cerises
_____	_____	des bananes	_____	_____	des melons
_____	_____	des raisins	_____	_____	des ananas
_____	_____	des poires	_____	_____	des pamplemousses

B. Observez ! *Now watch the video without sound. In the second column, check off the fruits you see.*

Activités de compréhension

A. Watch the video. Then, draw lines to connect the fruit with the adjective(s) that the **marchande** uses to describe it.

les poires   extra

le melon   délicieux

les pamplemousses   frais

                              excellentes

                              beaux

B. Watch the video again and answer the following questions.

1. Qu'est-ce que la femme cherche ? Pourquoi est-ce qu'il n'y en a pas ?

    _____

2. Finalement qu'est-ce qu'elle achète ?

    _____

3. Qu'est-ce que vous aimeriez acheter ?

    _____

SCÈNETTE 3   À LA CRÉMERIE

Activités de visionnement

View the video and answer the following questions.

1. What three things does M. Vincent buy at the **crémerie**? Check them off below.

_____ un morceau de brie   _____ un pot de yaourt   _____ 100 grammes de roquefort

_____ un morceau de gruyère   _____ un morceau de cheddar   _____ un camembert

_____ un paquet de beurre   _____ un litre de lait   _____ deux camemberts

2. Where does M. Vincent put his purchase?

    a. dans son sac à dos
    b. dans un petit sac
    c. dans son filet

Contrastes et observations

*In what way is shopping at the **crémerie** different from buying cheese at a supermarket?*

_____

_____

MINI-DRAME AU RESTAURANT

Anticipation

1. Going to a restaurant involves a number of activities. Put the following in logical order from 1 to 9.

    _____ regarder la carte

    _____ payer l'addition

    _____ trouver une table

    _____ manger

    _____ entrer dans le restaurant

    _____ demander l'addition

    _____ choisir les plats que l'on veut

    _____ finir le dessert

    _____ commander

2. When you go to a restaurant, how do you generally pay?

    _____ en espèces *(cash)*

    _____ avec un chèque personnel

    _____ avec une carte de crédit

Vocabulaire clé

Noms
le menu	*fixed-price meal with several courses*		
le steak au poivre	*pepper steak*		
les crudités	*raw vegetables*		
l'entrée	*first course*		
le plat principal	*main course*		

Adjectifs
saignant(e)	*rare (meat)*
géné(e)	*uncomfortable, bothered*

Expressions
Ça ne me dit rien.	*That doesn't interest me.*
C'est dommage.	*It's too bad.*
désolé	*sorry*

Activités de visionnement

Observez ! *Watch the beginning of the video and jot down three to five adjectives or phrases to describe the restaurant that Anne and Paul go to.*

Activités de compréhension

A. *Listen as Paul and Anne order their meal. Then correct the waiter's mistakes.*

> 1 assiette de crudités
>
> 1 salade verte
>
> ***
>
> 1 poisson—frites
>
> 1 rôti de porc—frites
>
> ***
>
> vin blanc maison

B. *Watch the video again in order to answer the following questions.*

1. Combien coûte le menu que Paul et Anne commande ?

   a. 75 francs
   b. 85 francs
   c. 95 francs

2. Qu'est-ce qu'on n'a pas mangé au dessert ?

   a. de la mousse au chocolat
   b. de la glace au chocolat
   c. de la tarte aux pommes

3. Qui a demandé l'addition ?

   a. Paul
   b. Anne
   c. Personne *(No one)*

4. Paul a invité Anne au restaurant. Pourquoi ne paie-t-il pas ?

   a. Anne veut payer.
   b. Le restaurant n'accepte pas les chèques de Paul.
   c. Paul préfère qu'Anne paie.

PUBLICITÉ   TARTES DE LA TARTELIÈRE

Anticipation

La tartelière is an invented word. Can you figure out its probable meaning?

boulanger/boulangère = baker, one who sells bread

pâtissier/pâtissière = pastry chef, one who sells pastry

tartelière = _____

What sorts of knowledge and abilities would this person have?

Vocabulaire clé

Noms

la charlotte	*dessert with fruit, cream, and pastry*
des framboises (f.)	*raspberries*
des fruits des bois (m.)	*wild berries*
la meringue	*meringue*
des myrtilles (f.)	*blueberries*
le talent	*talent*

Verbe

cueillir	*to gather, pick*

Expressions

Raté !	*Wrong!*
Elle s'y connaît.	*She knows what she's doing.*

Activités de visionnement

A. Observez ! *Watch the commercial without sound.*

How do these pastries compare with those available in the freezer case in American supermarkets?

_____

_____

B. *Watch the video with sound and answer the following questions.*

1. Who are the two main characters and to whom does each one speak?

   _____

   _____

2. What impression is the father trying to make? Is he successful? Why or why not?

   _____

   _____

Activité de compréhension

View the video two or three more times to check your comprehension of the details.

1. Le père invite ses filles à juger

   a. de la qualité des ingrédients.
   b. de son talent de pâtissier.
   c. de son imagination.

2. Le père pense que la tarte au citron est

   a. un gâteau.
   b. une charlotte.
   c. une glace.

3. Les framboises sont

   a. dans la charlotte.
   b. dans la tarte au citron.
   c. dans une assiette.

4. Le père a pris les myrtilles pour *(mistook)*

    a.   des framboises.
    b.   des fruits des bois.
    c.   des cerises.

5. Le père explique qu'il

    a.   a cueilli *(picked)* les myrtilles.
    b.   a acheté la tarte au citron.
    c.   a trouvé les framboises au supermarché.

DOCUMENT   UNE VISITE À LA VILLE DE QUÉBEC

Anticipation

Have you ever visited Canada? If so, you might have been to the province or city of Québec. Write down three things that come to mind when you think of Québec and/or Canada.

_____

_____

_____

Vocabulaire clé

Noms

une calèche	*horse-drawn carriage*
une bataille	*battle*
une défaite	*defeat*
une dévise	*slogan*
un escalier	*stairway*
une muraille	*wall (around a city)*

Adjectifs

ancien(ne)	*old*
bas(se)	*low, lower*

Activités de visionnement

Observez !

A. *Watch the video without sound and check off what you see on the list below. When you finish, add three more things you observed to the list.*

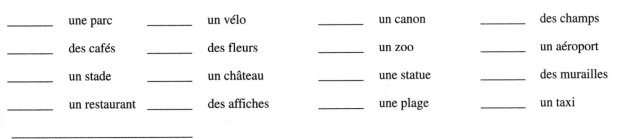

_____ une parc	_____ un vélo	_____ un canon	_____ des champs
_____ des cafés	_____ des fleurs	_____ un zoo	_____ un aéroport
_____ un stade	_____ un château	_____ une statue	_____ des murailles
_____ un restaurant	_____ des affiches	_____ une plage	_____ un taxi

_____

_____

_____

B. *Now, for the sites listed below, underline the best descriptors for what you observed. You may wish to watch the video again.*

1. un drapeau (québecois, canadien)

2. un parc (en fleurs, couvert de neige)

3. des bâtements (historiques, modernes)

4. (peu, beaucoup) de cafés-terrasses

5. un restaurant (pittoresque, moderne)

6. une rue pleine *(full)* de (voitures *[cars]*, touristes)

7. un (grand, petit) château

8. des murailles (en pierre *[stone]*, en brique *[brick]*)

9. une (grande, petite) porte

Activité de compréhension

*As you watch the video again, decide if the following statements are **vrai** or **faux**. In the space provided, correct the ones you mark **faux**.*

1. _____ La ville de Québec est la capitale de la province de l'Ontario.

2. _____ Le monsieur qui parle est le premier ministre de Québec.

3. _____ C'est sur les plaines d'Abraham, grand champs de bataille, que les Français ont finalement triomphé sur les Anglais.

4. _____ Les Québecois veulent oublier leur passé français.

5. _____ Pour visiter le Vieux Québec, il faut entrer par un pont.

6. _____ Dans le Vieux Québec on trouve de bons restaurants et des stands d'artistes.

7. _____ Le Château Frontenac est maintenant un hôtel.

8. _____ Pour visiter une des plus anciennes rues de l'Amérique du Nord, il faut descendre un escalier jusqu'à la basse ville.

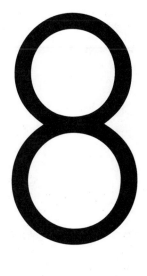

Module 8
Souvenirs

Mini-drame	**Les bons souvenirs**
Publicités	**A. Pâte à tarte prête à dérouler de Herta**
	B. Petits filous : yaourt de Yoplait
	C. Lait Lactel

MINI-DRAME LES BONS SOUVENIRS

Anticipation

When you and your friends are together, what do you talk about? Order your top five subjects of conversation 1–5 from among the following topics, beginning with the one most commonly discussed.

_____ ce qui s'est passé hier   _____ les souvenirs d'enfance

_____ ce que l'on va faire demain   _____ les cours que l'on suit

_____ le travail que l'on fait   _____ les professeurs

_____ les gens que l'on connaît   _____ les vacances

_____ les films ou les acteurs   _____ la politique

_____ les souvenirs de l'école   _____ autre : _____

Vocabulaire clé

Nom

| les poumons | *lungs* |
| le son | *sound* |

Expressions

mieux vaut	*it's better*
Si on fermait la fenêtre ?	*How about closing the window?*
Si nous allions au cinéma ?	*How about going to the movies?*

Verbes

baisser	*to lower*
se comporter	*to behave*
défendre	*to prohibit*
se disputer	*to argue*
embêter	*to annoy*
embrasser	*to kiss*
s'entendre	*to get along*
gronder	*to scold*
s'insulter	*to insult each other*
se mettre en colère	*to get mad*
se promener	*to go for a walk*
se rencontrer	*to meet*

Activités de compréhension

A. *Listen to Sébastien tell what happened last night and answer the following questions.*

1. Que faisait son camarade de chambre quand il est rentré ?

   _____

2. Pourquoi Sébastien a-t-il demandé à son camarade de chambre de baisser le son de la télé ?

   _____

3. Est-ce que son camarade de chambre a accepté de le faire ou est-ce qu'il a refusé ?

   _____

4. Après trente minutes d'insultes, qu'est-ce que son camarade de chambre a fait ?

   _____

5. Selon Sébastien, qui a gagné la dispute ?

   _____

6. À qui est-ce que Monique compare Sébastien et son camarade de chambre ?

   _____

B. *Now listen to Monique and Anne as they reminisce about going to school together as children. Label each statement **vrai** or **faux**.*

	Vrai	Faux
1. Quand elles allaient à l'école, elles se disputaient souvent.	_____	_____
2. Monsieur Pernod était le directeur de l'école.	_____	_____
3. Il était très sévère.	_____	_____
4. Il était furieux quand ses élèves n'avaient pas fait leurs leçons.	_____	_____
5. Monique se souvient de ses lunettes.	_____	

C. *Sébastien recalls his childhood vacations. Select the best option to complete the sentences.*

1. Sébastien et ses frères passaient leurs vacances _____.

   a. en ville
   b. dans un village
   c. à la plage

2. Cet endroit était _____ du Saguenay.

   a. près
   b. loin
   c. à côté

3. Ses grandes-parents avaient une _____ maison avec un _____ jardin.

   a. belle, petit
   b. grande, beau
   c. belle, grand

4. Il y jouait avec ses _____.

   a. amis
   b. cousins
   c. chiens

D. *Listen to Paul's recollections and then recount his story using the following questions as a guide.*

1. De qui ou de quoi est-ce qu'il se souvient ?

2. Où se sont-ils rencontrés ?

3. Qu'est-ce qu'ils faisaient après les cours ?

4. Qu'est-ce qui s'est passé une fois au cinéma ?

5. Comment est-ce que Barbara a réagi ?

6. En conséquence, qu'est-ce que les parents de Barbara ont fait ?

7. Est-ce que Paul a oublié Barbara après leur séparation ?

Anticipation

*In the next three **publicités,** you will see commercials depicting childhood themes. What kind of mood do you expect these to evoke?*

_____ nostalgique   _____ humoristique   _____ sérieux   _____ tragique

PUBLICITÉS
A. PÂTE À TARTE PRÊTE À DÉROULER DE HERTA

Vocabulaire clé

Noms		**Verbes**	
la mûre	*blackberry*	cueillir	*to pick*
le panier	*basket*	dérouler	*to unroll*
la pâte à tarte	*pie dough*		

Activités de compréhension

A. *Before watching the video, check off the statements that are true of your childhood. Then watch the video and check off the items that are pictured in the **pub**.*

		mon enfance	la publicité
1.	Je faisais du vélo.	_____	_____
2.	Je cueillais des fruits sauvages (*wild*).	_____	_____
3.	Ma mère me consolait quand j'étais triste.	_____	_____
4.	Je jouais au foot.	_____	_____
5.	Je m'amusais à la campagne.	_____	_____
6.	J'allais à la plage avec ma famille.	_____	_____

B. *Complete the following sentence.*

Le petit garçon pleure parce qu'il

 a. est rentré trop tard et sa mère s'est fâchée (*got angry*) contre lui.
 b. s'est blessé (*hurt himself*).
 c. a renversé la corbeille de fruits qu'il a ramassés.

C. *After watching the video a few times, can you summarize what happened? Recount what you saw using the **passé composé** and the **imparfait**. The following vocabulary should help you compose your story. The expressions are arranged chronologically.*

garçon

> aller cueillir des mûres
> accrocher un panier au guidon (*to hang a basket on the handlebar*)
> partir en bicyclette
> trouver un mûrier (*blackberry bush*)
> mettre les mûres dans le panier

mère

> commencer à faire la tarte
> dérouler la pâte
> mettre la pâte dans le moule à tarte

garçon

> tomber de la bicyclette
> tomber par terre
> perdre les mûres qu'il a cueillies
> rentrer à la maison
> arriver à la maison

mère

> sortir le voir

garçon

> donner le panier presque vide (*empty*) à sa mère
> commencer à pleurer

mère

> prendre le garçon dans ses bras
> mettre cinq mûres sur la tarte

B. PETITS FILOUS : YAOURT DE YOPLAIT

Anticipation

When you were younger, did you ever visit your grandparents or aunts, uncles, and cousins? What did you do together? Did you ever play silly tricks on anyone?

Vocabulaire clé

Noms

le calcium	*calcium*
le débrouillard	*resourceful person (slang)*
le filou	*mischievous child*
la jambe	*leg*
la protéine	*protein*
le sac à dos	*backpack*
la vie	*life*

Verbe

déranger	*to bother, to disturb*

Adjectifs

espiègle	*mischievous*
lourd(e)	*heavy*
plein(e)	*full*

Expressions

On s'est occupé du sien.	*We took care of his.*
Y a rien qui nous dérange.	*Nothing bothers us. (informal)*

Activité de visionnement

This commercial has two parts. Identify them and tell who is speaking in each part.

_____

_____

Activités de compréhension

A. *Complete the following sentences.*

1. Cette publicité se déroule

   a. à la campagne.
   b. en ville.

2. La voix qu'on entend est celle du petit garçon qui lit ce qu'il écrit dans une lettre à

   a. un ami.
   b. ses parents.
   c. ses grands-parents.

3. Le garçon est en vacances

   a. chez ses grands-parents.
   b. chez des amis.
   c. dans un camp.

4. Le garçon

   a. a eu un accident.
   b. a joué un tour *(played a trick)* à son cousin.
   c. a préparé un pique-nique.

5. Luc a des _____ dans son sac à dos.

    a. boissons

    b. briques

    c. cartes

6. Le soir

    a. les grands-parents mettent les enfants au lit très tôt.

    b. les grands-parents s'endorment pendant que les enfants s'amusent.

    c. toute la famille se couche de bonne heure.

B. *Put the events in order (1–8) as they occurred in the commercial.*

_____ Les enfants ont mis des briques dans le sac de Luc.

_____ Ils se sont levés tôt le matin.

_____ Ils ont fait une randonnée à la campagne.

_____ Luc est devenu plus fatigué que les enfants.

_____ Ils ont décidé de faire un pique-nique.

_____ Luc a découvert les briques dans son sac à dos.

_____ Tout le monde a ri de la blague.

_____ Luc a mis du yaourt dans les sacs à dos.

Un pas en avant

*The commercial contains many examples of the use of **on** to mean "we," a very common feature of colloquial French. Watch the ad again and jot down two or three phrases with **on**.*

C. LAIT LACTEL

Notes: Notice that the little boy in the commercial drinks his milk from a bowl rather than a glass. In France, where refrigerators are more recent common household appliances than in the United States, many buy milk that has been processed to conserve its shelf-life, so it doesn't need refrigeration.

Activité de visionnement

Observez ! *The little boy is trying to get his father's attention. How do you think he finally accomplishes this?*

Activité de compréhension

Watch this commercial and complete the following sentences.

1. L'annonce parle d'un produit

    a. végétal.

    b. laitier.

    c. plastique.

2. Au début le père ne fait pas attention à son fils parce qu'il

    a. lit le journal.
    b. prend du pain grillé.
    c. parle au téléphone.

3. Le père ne veut pas expliquer

    a. le lait Lactel.
    b. les devoirs.
    c. comment on fait les bébés.

4. Il y a _____ et _____ sur la table.

    a. du beurre / de la confiture
    b. une baguette / du jambon

5. Le lait de longue conservation UHT conserve

    a. la lumière.
    b. les vitamines.

Module 9
À la découverte du
monde francophone

Scènette 1	**À l'agence de voyages**
Scènette 2	**À l'aéroport**
Documents	**L'Afrique francophone**
	L'Île de la Martinique
Publicité	**La voiture AX K.WAY de Citröen**

Anticipation

When making travel plans, what kind of information do you need? What are your travel preferences?

Vocabulaire clé

Noms

le bagage à main	*carry-on bag*
la carte d'embarquement	*boarding pass*
le siège	*seat*

Verbes

enregistrer	*to check (baggage)*

Expression

Est-ce que ça vous convient ?	*Does that suit you?*

SCÈNETTE 1   À L'AGENCE DE VOYAGES

Activité de visionnement

Watch the video as many times as needed to fill in the customer information.

```
Destination _____

Date(s) _____

Billet ___ aller simple ___ aller retour

Ligne d'avion _____ N° de vol _____ Heure _____

Nombre de réservations _____
```

Activité de compréhension

Complete the summary.

Un client entre dans _____. Il voudrait voyager _____. Il décide de

_____ deux places sur _____ Air France qui part de _____

Charles de Gaulle le matin du 22 décembre. Il veut revenir à Paris _____.

SCÈNETTE 2   À L'AÉROPORT

Activité de visionnement

View the video with sound and mark the questions you hear the airline employee ask.

_____   Votre passeport, monsieur ?

_____   Vous allez où ?

_____   Combien de bagages avez-vous ?

_____   Vous voyagez en première classe ?

_____   Vous voulez fumeur ou non-fumeur ?

_____   Où est votre carte d'embarquement ?

Activité de compréhension

Here's a printout of the airline records for this passenger. What information was entered incorrectly?

passager	siège	section	bagages	
			enreg.	à main
M. Jean Legrand	6A	fumeur	2	1

DOCUMENT L'AFRIQUE FRANCOPHONE

Anticipation

The continent of Africa is vast and quite diverse with regards to history, culture, religion, geography, language, politics, and so forth. What we see in the news about Africa is often focused on tragedies—whether drought, floods, famine, or the AIDS epidemic. While these concerns are of utmost importance, it is also worthwhile to get acquainted with some other more positive aspects of this fascinating part of the world. Make a list of six things that you associate with Africa.

Vocabulaire clé

Noms

les bijoux	*jewelry*
le blé	*wheat*
le bois	*wood, lumber*
le coton	*cotton*
le cuivre	*copper*
le grenier	*granary*
l'oiseau	*bird*
le pêcheur	*fisherman*
la poterie	*pottery*

Adjectif

musulman(e)	*Muslim*

Activité de visionnement

Pause the video on the map segment and fill in the directions in the following statements.

Expressions utiles :

au nord, au sud, à l'ouest, à l'est, au nord-est, au sud-ouest, etc.

L'océan Atlantique se trouve _____ de l'Afrique.

L'océan Indien se trouve _____ de l'Afrique.

La mer Méditerranée se trouve _____ de l'Afrique.

Les pays francophones se trouvent surtout _____ et au centre de l'Afrique.

Le Madagascar, une île francophone, se trouve _____ de l'Afrique.

Activité de compréhension

Watch the video as many times as needed in order to complete the following activities.

A. Fill in the blanks in these statements about Senegal.

1. Le Sénégal se trouve en Afrique _____.

   a. du Nord
   b. de l'Ouest
   c. centrale

2. Sa capitale, _____, est une ville moderne.

   a. Kermel
   b. Dar es Salaam
   c. Dakar

3. Il y a un(e) _____ au nord de Dakar.

   a. parc national d'oiseaux
   b. parc national d'animaux
   c. ville coloniale

4. Les baobabs sont des _____ qui se trouvent dans le delta du Siné-Saloum.

   a. pêcheurs
   b. bateaux
   c. arbres

5. Le grenier du Sénégal est une région

   a. agricole.
   b. sèche.
   c. industrielle.

B. *Indicate if the following statements about North Africa are* **vrai** *or* **faux.** *Correct the false statements.*

1. _____ L'Algérie, la Tunisie et le Maghreb sont des pays qui font partie de l'Afrique du Nord.

   _____

2. _____ Le Maroc est un pays musulman.

   _____

3. _____ La ville de Fès est la capitale du pays.

   _____

4. _____ Marrakesh est très populaire avec les touristes.

   _____

5. _____ Les souks sont des marchés.

   _____

6. _____ Le café au lait est une boisson traditionnelle au Maroc.

   _____

7. _____ La Tunisie se trouve sur la côte atlantique.

   _____

8. _____ C'est un pays riche en ressources naturelles.

   _____

9. _____   On trouve des ruines grecques à Carthage.

_____

10. _____   Dans les souks, on peut acheter de la poterie, des tapis, des objets en cuivre et des bijoux.

_____

Now watch the segment on La République Centrafricaine and match the item in Column A with related items(s) in Column B.

Colonne A

_____   "la coquette"

_____   une industrie

_____   des activités culturelles

_____   l'écologie

_____   l'économie

_____   un peuple nomade

Colonne B

a.   le ballet national

b.   le parc national animalier Manovo-Gounda Saint-Floris

c.   du coton

d.   Bangui, sa capitale

e.   le bois précieux

f.   l'artisanat

g.   les diamants

h.   des hippopotames, des éléphants, des giraffes

i.   les Pygmées

j.   le café

k.   une ville charmante

DOCUMENT   L'ÎLE DE LA MARTINIQUE

Anticipation

Name three things you would expect to see in a short video about the Caribbean island of Martinique.

_____

_____

_____

Vocabulaire clé

Noms

la canne à sucre	*sugar cane*
la côte	*coast*
la pêche	*fishing*
les sports nautiques	*water sports*

Activité de visionnement

Now watch the video again and complete the following activities.

A. *La Martinique est un pays de beaucoup de variété. Faites une liste de trois choses présentées dans la vidéo que vous associez à chaque catégorie.*

1. la géographie _____ _____ _____

2. la cuisine _____ _____ _____

3. la végétation _____ _____ _____

4. les sports _____ _____ _____

B. *Identifiez les suivants :*

_____	1. Balata	a.	la maison de Joséphine Beauharnais
_____	2. Pelée	b.	un jardin
_____	3. Saint-Pierre	c.	« l'île aux fleurs »
_____	4. La Pagerie	d.	une ville
_____	5. La Madinina	e.	une montagne

C. *Aimeriez-vous visiter la Martinique ? Pouquoi ou pourquoi pas ?*

_____

_____

PUBLICITÉ   LA VOITURE AX K.WAY DE CITRÖEN

Anticipation

Citröen is one of France's largest auto manufacturers. What other French cars do you know? What image do you associate with these makes of cars?

Vocabulaire clé

Nom
le paradis   *paradise*

Verbes
être en sécurité   *to be safe*
prendre grand soin de quelque chose   *to take good care of something*

Adjectif
paisible   *peaceful*

Expressions
Crois-moi.   *Believe me.*
Ne te fais aucun souci.   *Don't worry at all.*
Ne t'inquiète surtout pas.   *Above all, don't worry.*

Activités de visionnement

A. *Écoutez ! Listen to the ad without looking at the picture. What best describes what you hear?*

_____ A calm young woman is reading a reassuring letter she wrote her mother about her trip to Africa.

_____ An intense young woman is telling her friend Pierre about the car she rented during her trip to Africa.

B. Observez ! *Play the ad without sound and check off the animals you see.*

_____ un éléphant   _____ un gorille   _____ un lion

_____ un zèbre   _____ une girafe   _____ un léopard

C. *Now play both the image and the sound. What contrast is created between the two?*

Activités de compréhension

A. *Answer the following questions.*

1. Qui est Pierre ?

    _____

2. Où est le jeune couple ?

    _____

3. Que font-ils ?

    _____

4. C'est quoi la Citröen AX K.WAY ?

    _____

5. Est-ce que l'Afrique est vraiment comme la jeune fille la décrit, « aussi paisible que notre petit jardin » ?

    _____

B. *Put the following sentences in order (1–8) to describe what happens in the video.*

_____ Pierre court *(runs)* vers la voiture.

_____ Pierre prend des photos.

_____ Ils trouvent un petit léopard dans la voiture.

_____ Il y a un léopard sur la voiture.

_____ Un grand léopard regarde à l'intérieur de la voiture.

_____ La femme joue avec un éléphant.

_____ Pierre et la jeune femme entrent vite dans la voiture.

_____ Ils commencent à rouler *(to drive)*.

Contrastes et observations

*Instead of miles per gallon, this ad reports on the fuel efficiency in liters per 100 kilometers (**3,9 l aux 100 = trois litres neuf aux cent**). How would you interpret this line that appears on the screen?*

Consommations CEE 3,9 l à 90 km/h, 5,6 l à 120 et 5,6 l en parcours urbain

_____

_____

What type of customer is this commercial targeting? Make a list of adjectives in French.

_____

_____

Module 10
La maison
et la
routine
quotidienne

Scènette	**Une nouvelle maison**
Mini-drame	**Scène du matin**
Document	**Le petit déjeuner typique**
Publicité	**Pot au feu de Knorr**

Anticipation

Describe a typical American home in the suburbs. Is it common for Americans to have a second home in the country? Why or why not?

SCÈNETTE   UNE NOUVELLE MAISON

Activité de visionnement

Observez ! *Check off what you see as you view the segment without sound.*

_____ un appartement	_____ des meubles	_____ une maison à un étage
_____ un garage	_____ des fenêtres	_____ une maison à deux étages
_____ un jardin	_____ une maison en ville	_____ une maison à la campagne
_____ une voiture	_____ une maison blanche	_____ une maison en brique

Activités de compréhension

A. *View the video with sound and decide which of the following statements is correct.*

_____ Il veut acheter cette maison.

_____ Il a acheté cette maison.

B. *Complete the following sentences about the segment.*

1. Un synonyme de « Félicitations » est _____.

2. La maison a _____ pièces.

3. Le jardin est _____.

MINI-DRAME SCÈNE DU MATIN

Anticipation

You are going to see a scene that takes place one morning with a French family. When you were growing up, what were the mornings like in your home? Did your parents have a hard time getting you out of bed and ready for school on time? What are your mornings like now?

Vocabulaire clé

Noms

les affaires	*things*
la serviette	*towel*

Adjectifs

prêt(e)	*ready*
propre	*clean*
sale	*dirty*

Verbes

se chamailler	*to squabble*
se coiffer	*to do one's hair*
se disputer	*to argue*
s'essuyer	*to dry oneself with a towel*
se peigner	*to comb one's hair*
se pousser	*to move over*
se taire	*to be quiet*

Expressions

Debout !	*On your feet!*
Soyez (bien) sages.	*Behave.*
le mien (la mienne)	*mine*
le tien (la tienne)	*yours*

Activités de visionnement

A. Observez ! *What parts of the house do you see in this **mini-drame**?*

_____ la salle de séjour   _____ le garage   _____ la terrasse

_____ la cuisine   _____ la salle de bains   _____ le couloir

_____ la chambre à coucher   _____ la salle à manger   _____ l'escalier

B. *Which statement best summarizes the video?*

_____ maman et papa se disputent le matin

_____ un matin tranquille en famille

_____ un matin pas comme les autres

_____ deux sœurs se chamaillent le matin

C. *Which of the following activities are part of the daily routine in the Petit household? Mark those that are mentioned in the video.*

_____ se laver le visage   _____ se maquiller   _____ se brosser les cheveux

_____ se brosser les dents   _____ se réveiller   _____ s'habiller

_____ prendre le petit déjeuner   _____ lire le journal   _____ se laver les cheveux

D. *What's for breakfast? Watch the breakfast segment, stop on a frame, and identify all the breakfast items you see on the table.*

_____ du jus d'orange   _____ du thé   _____ une cuillère

_____ du pain   _____ du chocolat   _____ une assiette

_____ des céréales   _____ du café   _____ des croissants

_____ un bol   _____ du beurre   _____ de la confiture

Activités de compréhension

A. *What are the sources of friction between Monique and Valérie?*

_____ Valérie prend la place de Monique à table.

_____ Valérie se dispute avec Monique dans la cuisine.

_____ Valérie veut mettre la jupe neuve de Monique.

_____ Monique veut se laver avant Valérie.

_____ Valérie veut mettre le chemisier de Monique.

_____ Monique prend la serviette de Valérie.

B. *View the video as many times as needed to complete the following statements.*

1. Mme Petit réveille ses filles à

    a. 6 h 30.
    b. 7 h 00.
    c. 7 h 30.
    d. 8 h 30.

2. M. Petit prépare

    a. son déjeuner.
    b. du café.
    c. du pain.
    d. du thé.

3. Les filles doivent se dépêcher parce qu(e)

    a. le chocolat va être froid.
    b. papa veut partir.
    c. elles doivent se laver les cheveux.
    d. il faut laver le pantalon de Valérie.

4. Mme Petit monte l'escalier pour

    a. s'habiller.
    b. chercher une serviette.
    c. laver le linge.
    d. parler aux filles.

5. Monique et Valérie se disputent à cause d'

    a. une serviette.
    b. une jupe.
    c. un chemisier.
    d. un pantalon.

C. *As is typical of a home with children, many commands are given. Check off the commands you hear in the video.*

_____ Réveillez-vous.	_____ Couchez-vous vite.	_____ Faites votre lit.
_____ Dépêchez-vous.	_____ Lave-toi les dents.	_____ Mets autre chose.
_____ Soyez sages.	_____ Promène-toi.	_____ Finissez votre déjeuner.
_____ Allez à l'école.	_____ Mangez rapidement.	_____ Taisez-vous.
_____ Lève-toi.	_____ Travaillez bien.	_____ Arrêtez de vous disputer.
_____ Peigne-toi.	_____ Bois ton chocolat.	_____ Descends l'escalier.

DOCUMENT LE PETIT DÉJEUNER TYPIQUE

Anticipation

How would you explain to a foreigner what a typical American breakfast consists of? What did you eat this morning? Ask a friend or classmate what he/she ate this morning. Did both of you eat the "typical" meal you described earlier? What can you conclude about the "typical American breakfast"?

Vocabulaire clé

Noms
l'internat	*boarding school*
une tartine	*bread and butter*

Adjectifs
grillé(e)	*toasted, grilled*

Activités de visionnement

Where do the people interviewed come from? Check off the countries as you watch the interviews.

_____ la France _____ la Martinique _____ la Côte d'Ivoire

_____ la Belgique _____ le Sénégal _____ la Tunisie

_____ la Suisse _____ le Canada

Activités de compréhension

Watch the video again in order to answer the following comprehension questions.

1. Quelle boisson est mentionnée le plus souvent pour le petit déjeuner ?

   a. le chocolat chaud
   b. le café au lait
   c. le thé
   d. le lait

2. Selon les gens interviewés, qu'est-ce qu'on mange en général au petit déjeuner ?

   a. des œufs et du pain grillé
   b. des céréals et du jus d'orange
   c. des tartines ou des croissants

3. Selon Sandrine et Betty à la Martinique, qu'est-ce qu'on mange au déjeuner ?

   a. un hamburger avec des frites ou un sandwich avec des chips
   b. des légumes et de la viande ou du poisson
   c. de la salade et de la soupe

PUBLICITÉ   POT AU FEU DE KNORR

Anticipation

*What is your favorite sitcom (**série**)? What famous sitcoms are centered on a family? The ad you are about to see is in the format of a '70s sitcom, including the musical lead-in, a laugh track, and credits at the end.*

Vocabulaire clé

Noms

le bouillon	*broth, stock*
le pot au feu	*beef stew*
le secret	*secret*
la tablette	*bouillon cube*
le truc	*thing, whatchamacallit*

Expressions

Ça sent bon !	*That smells good!*
… pour qu'il soit si bon ?	*… to make it so good?*
un coup franc	*free kick (rugby)*

Verbes

gagner	*to win*
mijoter	*to simmer*
transmettre	*to hand down*

Activités de visionnement

Watch the video through once and check off all the statements that correctly apply to the ad.

_____ Il y a deux enfants dans cette famille.

_____ La famille n'a pas d'animal domestique.

_____ C'est une famille très moderne.

_____ La mère fait la vaisselle.

_____ Le père est content quand il rentre à la maison.

_____ Toute la famille dîne ensemble.

Activités de compréhension

A. *Watch the video by scenes and answer the following questions about each.*

Scène 1 (Introduction)

1. Identifiez chaque membre de la famille (vous ne voyez pas le #4 dans la pub mais vous pouvez le deviner).

#1	#2	#3
#4	#5	#6 le perroquet

Scène 2 (Knorr)

2. Décrivez le paquet de Knorr.

_____

Scène 3

3. Où sont la mère et la fille ? Qu'est-ce qu'elles font ?

_____

4. Identifiez les ingrédients que vous voyez.

_____

5. Qui arrive ? D'où viennent-ils ? Pourquoi chantent-ils ?

_____

Scène 4

6. Décrivez la scène.

_____

7. Quel est le secret que la mère transmet à sa fille ? Que fait-elle pour cacher le secret à son mari et à son fils ?

_____

8. Quel stéréotype est à la base de l'humour de cette publicité ?

_____

B. Read the text from the commercial and fill in who is saying each line.

1. _____ Qu'est-ce que tu nous mijotes encore ?

2. _____ Ah si ! Bouillon Knorr.

3. _____ Encore une heure à être tranquilles.

4. _____ On a gagné ! On a gagné !

5. _____ Et ça sent bon !

6. _____ C'est quoi un coup franc ?

7. _____ Un truc que les filles ne peuvent pas comprendre.

8. _____ Qu'est-ce que vous avez mis dans le pot au feu pour qu'il soit si bon ?

9. _____ Une tablette de…

10. _____ Un truc que les garçons ne peuvent pas comprendre. C'est un secret qui ne se transmet que de mère en fille.

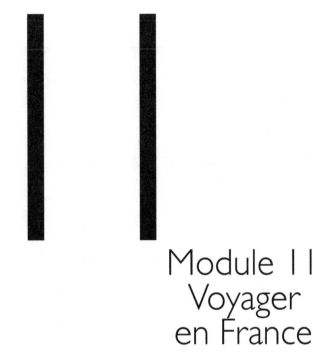

Module 11
Voyager
en France

Scènette	**Un touriste demande son chemin**
Mini-drame	**Un rendez-vous à ne pas manquer**
Documents	**La Maison de Monet à Giverny**
	Images du monde francophone
Publicité	**Boisson sans alcool Panach'**

Anticipation

We change our speaking style as a function of our relationship to the person with whom we are speaking. How might you ask your friend how to get downtown? What if you were to ask the same directions from a police officer? Imagine you needed to borrow a carton of milk. How would you ask a good friend? How would you ask an older neighbor whom you knew less well?

SCÈNETTE   UN TOURISTE DEMANDE SON CHEMIN

Activités de compréhension

*Answer the following questions after watching the **scènette** with sound.*

1. Que cherche le touriste ? _____

2. Que répond l'agent ? « Vous _____ vers la Seine et ensuite, c'est la troisième _____ ».

3. Quelle est la confusion ?_____

MINI-DRAME   UN RENDEZ-VOUS À NE PAS MANQUER

Vocabulaire clé

Noms

le feu   *traffic light*

la fontaine   *fountain*

le pont   *bridge*

Verbe

longer   *to go along, to follow*

Expression

tout de suite là   *right there*

Activité de visionnement

Watch the first part of the video without sound (until Éric speaks to someone for the first time). Where is he? What is he reading? From whom? What do you think will happen next?

_____

_____

_____

Activités de compréhension

A. *Éric asks two people for directions. What is each one like and what does Éric say in each case?*

1ère personne   description : _____

_____

Éric demande : _____

_____

2ème personne   description : _____

_____

Éric demande : _____

_____

B. *Read the following statements. Then watch the video again and say whether each statement is **vrai** or **faux**.*

		Vrai	Faux
1.	Éric a rendez-vous avec sa mère.	_____	_____
2.	Éric veut aller à Paris.	_____	_____
3.	La dame lui donne des indications pour aller jusqu'au Louvre.	_____	_____
4.	Éric doit traverser la Seine.	_____	_____

	Vrai	Faux
5. Éric admire Paris.	_____	_____
6. Pour trouver la fontaine, il doit aller à Beaubourg.	_____	_____
7. Marie n'est pas contente qu'Éric soit en retard.	_____	_____

DOCUMENT LA MAISON DE MONET À GIVERNY

Anticipation

What do you think of when you imagine gardens in France—formal gardens like those at Versailles or more natural ones like Monet's garden at Giverny? Which do you prefer?

Vocabulaire clé

Noms		**Verbes**	
le cadre de vie	*surroundings*	entourer	*to surround*
une colline	*hill*	peindre	*to paint*
un étang	*pond*		
l'herbe	*grass*	**Expressions**	
un nénuphar	*water lily*	en céramique	*made of ceramic tile*
un pont	*bridge*	les effets de lumière	*play of light*
		C'est à se rendre fou.	*It will make you crazy.*

Activité de visionnement

Observez ! *Watch the first half of the video without sound, paying particular attention to the colors you see. Then fill in the blanks with the appropriate color adjective in the following descriptions.*

1. Monet avait une barbe *(beard)* _____.

2. Les murs extérieurs de la maison de Monet à Giverny sont _____. Les volets sont _____.

3. Le céramique de la cuisine est _____ et _____.

4. La salle à manger est _____.

5. Les murs de la chambre de Monet sont _____.

Activité de compréhension

*Watch the video as many times as needed to determine whether the statements below are **VRAI** or **FAUX**.*

	Vrai	Faux
1. Giverny se trouve à 62 kilomètres de Paris.	_____	_____
2. Monet a passé 43 ans dans cette maison.	_____	_____
3. L'homme qui parle est spécialiste d'art.	_____	_____
4. Il explique que Monet a beaucoup aimé les effets de lumière le soir.	_____	_____
5. De la fenêtre de la chambre de Monet on voit le village de Giverny.	_____	_____

	Vrai	Faux

6. Monet a souvent peint le pont japonais et l'étang aux nénuphares.   _____ _____

7. Selon le monsieur, Monet avait deux passions : la cuisine et le vin.   _____ _____

8. Giverny est un endroit important parce qu'on peut y voir où Monet passait sa vie à peindre.   _____ _____

9. Dans ses peintures, Monet a capté l'atmosphère, la lumière et les couleurs de Giverny.   _____ _____

10. Monet a dit que c'était facile peindre l'eau et l'herbe *(grass)* que l'entoure.   _____ _____

DOCUMENT   IMAGES DU MONDE FRANCOPHONE

Anticipation

How would you describe a typical student from your campus? _____

A typical person from your hometown/state? _____

A typical American? _____

Stereotypes have some elements of truth in them, but they are not true about all members of the group. Describe exceptions to the generalizations you wrote about.

A typical student: _____

A typical person from your hometown/state: _____

A typical American: _____

Vocabulaire clé

Noms

les moules	*mussels*
la paix	*peace*
un prochain	*fellow man*

Adjectifs

| atypique | *atypical* |
| rigolo | *funny* |

Verbes

| se moquer de | *to make fun of* |
| se ressembler | *to resemble one another* |

Expressions

| par contre | *on the other hand* |

Activité de visionnement

Observez ! *Watch the video without sound and look at the people interviewed. Where are they from? Fill in the chart adding at least three words to describe each person.*

Nom	Origine	Déscription courte
Emmanuel		
Taki		
Micheline		

Nom	Origine	Déscription courte
Stanislas		
Céline		
Onélia		
Thomas		
Daniel		
Christiane		

Activité de compréhension

*Watch the video again and indicate if the following statements are **vrai** or **faux** according to what is said.*

		Vrai	Faux
1.	Emmanuel dit que les Français aiment se ressembler les uns aux autres.	_____	_____
2.	Selon Taki, les Ivoiriens prennent la paix très au sérieux.	_____	_____
3.	Taki pense que les Ivoiriens sont tolérants.	_____	_____
4.	Micheline décrit le repas typique belge : des moules avec des frites.	_____	_____
5.	Micheline explique que les Belges n'aiment pas s'amuser.	_____	_____
6.	Stanislas croit que le Français typique aime tout ce qui est français.	_____	_____
7.	Céline dit que l'image du Français avec son beret, sa baguette et son vin est surtout vrai pour les gens que habitent en ville.	_____	_____
8.	Quant à Onélia, l'image du Français avec son beret et sa bagette est très connue dans le monde.	_____	_____
9.	Thomas n'a pas de réponse à la question.	_____	_____
10.	Daniel note l'influence de beaucoup de cultures différents en France.	_____	_____
11.	Christiane pense qui le Français typique est d'origine française.	_____	_____

PUBLICITÉ   BOISSON SANS ALCOOL PANACH'

Vocabulaire clé

Verbes

gagner	*to win*
se rendre (à)	*to go (to)*
jusqu'à	*until, up to*
toute une vie	*a lifetime*

Expressions

à vie	*for life*
Ça vous dit ?	*Does that appeal to you?*

Activité de visionnement

Read over the following questions and think about them as you view the video a couple of times. Then answer the questions.

1. What importance does the line **Paris sera toujours Paris** have in the commercial?

    _____

2. What typical identifying features of Paris are found in the ad?

    _____

3. Why are some scenes in the commercial in color and others in black and white?

    _____

Activité de compréhension

Choose the appropriate completion for each of the following statements.

1. Le jeune couple est devant

    a. un café.
    b. une boulangerie.

2. Le jeune homme met sa petite amie sur

    a. un vélo.
    b. une chaise.

3. Les deux amis boivent une

    a. bière.
    b. boisson non alcoolisée.

4. La voiture de sport passe au-dessous de

    a. la tour Eiffel.
    b. l'Arc de Triomphe.

5. _____ conduit la voiture rouge et _____ boit du Panach'.

    a. Elle / il
    b. Il / elle

6. Les amoureux

    a. s'arrêtent au kiosque.
    b. s'embrassent en public.

7. On voit des gens qui

    a. dansent.
    b. chantent.

Un pas en avant

*The French word **panache** means plume, a bunch of feathers on a helmet, but has also broadened its meaning to convey flamboyance, brilliance, and dashing elegance of manner. Panache was borrowed from French and is used in English with the same meanings.*

What do you think of the choice of the name **Panach'** for a soft drink? What does the manufacturer want to convey to consumers with this name? How does the commercial support (or contradict) this idea?

_____

_____

_____

_____

Module 12
Dépenses, argent, travail

Scènette	**À l'agence intérimaire**
Mini-drame	**Questions de style**
Document	**La haute couture**
Publicités	**A. Vente par correspondance : Catalogue 3 Suisses**
	B. Virgin Mégastore

Referring to the phrases you learned in **Comment faire les achats** *(Motifs 2e, pages 414–415), suggest what a shopkeeper is likely to say as he or she approaches a customer. How might the customer respond?*

Noms

les manches *(f.)*	*sleeves*
les talons hauts *(m.)*	*high heels*
les talons plats *(m.)*	*flat heels*
les chaussures vernies *(f.)*	*patent-leather shoes*

Adjectifs

décolleté(e)	*low-cut (dress)*
imprimé(e)	*printed*

SCÈNETTE   À L'AGENCE INTÉRIMAIRE

Anticipation

If you were registering for work through an employment agency, what kinds of questions would you expect to be asked? What are the advantages and disadvantages of temporary work?

Vocabulaire clé

Expressions

être au chomage	*to be unemployed*
faire faillite	*to go bankrupt*
ça fait deux mois que	*it's been two months since*

Complete the following passage with information from the scene.

L'homme va à _____ intérimaire pour chercher un travail comme électricien. Il a travaillé

_____ trois ans pour l'entreprise « ECLAIR ». Il a quitté son travail parce que l'entreprise a fait

_____. Ça fait deux mois qu'il n'a pas de travail et qu'il est au _____. Il cherche

un travail à _____-temps.

MINI-DRAME QUESTIONS DE STYLE

Anticipation

*Referring to the phrases you learned in **Comment faire les achats** (Motifs, pp. 414–415), suggest what a shopkeeper is likely to say as he or she approaches a customer. How might the customer respond?*

Vocabulaire clé

Noms

une épaule	*shoulder*
un manche	*sleeve*
un veston	*jacket*

Verbes

emprunter	*to borrow*
prêter	*to lend*

Adjectif

propre	*clean*

Expressions

j'ai envie de	*I want to*
si j'étais toi	*if I were you*
tu devrais	*you should*

Activités de visionnement

A. *Watch the interaction between Anne and the salesclerk and complete the following.*

1. Pour commencer, la vendeuse dit

   a. « Je peux vous renseigner ? »
   b. « Vous désirez, madame ? »
   c. « Vous voulez l'essayer ? »

2. La vendeuse demande à Anne

   a. la couleur qu'elle préfère.
   b. sa taille.
   c. son nom.

3. Pour encourager Anne à acheter la jupe, la vendeuse dit que

   a. la jupe lui va très bien.
   b. la jupe est en solde.
   c. l'orange est très a la mode.

B. *Watch the interaction between Christian and the salesperson and complete the following.*

1. Pour commencer, la vendeuse dit

   a. « Je peux vous renseigner ? »
   b. « Vous désirez, monsieur ? »
   c. « Vous voulez essayer ce veston, monsieur ? »

2. Christian dit que le veston

    a.   lui va comme un gant.

    b.   ne lui va pas du tout.

    c.   est un peu trop serré.

Activités de compréhension

A. *Watch the segment with Anne and Julie and select the correct option to complete the following.*

1. Anne et Julie vont au _____ ce soir.

    a.   théatre

    b.   cinéma

    c.   restaurant

2. Julie dit à Anne de porter sa robe _____ parce qu'elle fait très _____.

    a.   rouge / sportive

    b.   bleue / habillée

    c.   rouge / classique

3. Julie va porter

    a.   une robe aussi.

    b.   une jupe.

    c.   un pantalon.

4. Anne veut essayer

    a.   une robe bleue.

    b.   une jupe bleue.

    c.   un pantalon noir.

5. Anne change d'avis *(changes her mind)* et demande d'essayer

    a.   une robe orange.

    b.   une jupe orange.

    c.   un pantalon bleu.

B. *Watch the segment where Sébastien and Christian are shopping and indicate if the following statements are **vrai** or **faux**.*

	Vrai	Faux
1. Sébastien va au concert ce soir.	_____	_____
2. Sébastien a un beau costume.	_____	_____
3. Christian va prêter une chemise à Sébastien.	_____	_____
4. Christian insiste que Sébastien lave la chemise après et qu'il la lui rende aussi vite que possible.	_____	_____
5. Christian essaie un veston dont les épaules sont trop serrées.	_____	_____

C. *View the conclusion of the scene again. What did each person buy?*

1. Anne   _____

2. Julie   _____

3. Christian   _____

4. Sébastien   _____

DOCUMENT LA HAUTE COUTURE

Anticipation

What motivates you to buy a particular outfit? The fit? The designer? The fabric? Comfort? Ease of care? Cost? What motivates someone to spend thousands of dollars for something from an **haute couture** *collection?*

Vocabulaire clé

Noms

un dessin	*design*
un équilibre	*balance*
la main-d'œuvre	*manpower*
le poids	*weight*
un toile	*fabric*
une volute	*scroll, swirl*
un zouave	*member of a French infantry unit, originally composed of Algerians who wore brightly colored uniforms*

Verbes

rester fidèle à soi-meme	*to remain true to oneself*
découper	*to cut out*
mériter	*to deserve*

Expressions

sur mesure	*made to measure*

Activité de visionnement

Observez ! *Watch the first part of the video without sound and describe the dress designed by Christian Lacroix.*

C'est une robe _____.

Activités de compréhension

View the whole segment and indicate if the following statements are **vrai** *or* **faux**.

	Vrai	Faux
1. Christian a créé plus de 300 dessins pour sa nouvelle collection.	_____	_____
2. Ce tailleur s'appelle Vincent parce qu'il a été inspiré par une peinture de Van Gogh.	_____	_____
3. Un petite équipe de deux ou trois personnes travaillent dans la production du modèle.	_____	_____
4. Il faut plus de 100 heures de main-d'œuvre pour réaliser une robe.	_____	_____
5. La mode devient spectacle au défilé de mode *(fashion show)*.	_____	_____
6. Ce tailleur coûte 60 000 F, sur mesure.	_____	_____

PUBLICITÉ
A. VENTE PAR CORRESPONDANCE : CATALOGUE 3 SUISSES

Vocabulaire clé

Noms

la guerre	*war*
l'image *(f.)*	*image*

Adjectifs

fascinant(e)	*fascinating*
nase	*ruined, broken-down (slang)*

Verbes

chouchouter	*to pamper*
emboutir la voiture	*to dent the car*
évoquer	*to make someone think of something*

Mots et expressions

en faire un fromage	*to make a big deal of it*
C'est pas la guerre ! *(fam.)*	*It's not the end of the world!*
T'as qu'à en acheter une autre.	*All you have to do is buy another one.*
Y a rien à ajouter.	*There's nothing else to add.*

Notes:

1. Catalog sales (**vente par correspondance**) are popular in France. The largest French catalog sales company is **3 Suisses.** Over five million of their catalogs are printed every year.

2. The key to this commercial is the relationship of the verbs **changer** and **se changer.** The same message ("I dented the car") changes according to the woman's outfits, all of which are available by mail order through **3 Suisses.**

3. Most of the speech in the commercial is very colloquial and informal. Listen for all the cases in which the negative word **ne** is omitted.

Activité de compréhension

In this commercial, you see a woman change her image as she changes clothes and tries different ways to tell her husband that she dented the car. Watch the commercial several times. Then match the image the woman is trying to create with the eight different ways she relates her bad news.

a.	artistique	e.	philosophique et intellectuelle
b.	furieuse et irritée	f.	pleine d'humour
c.	dramatique	g.	indignée
d.	paniquée	h.	suppliante et implorante

1. _____ Raoul, oh tu n'sais pas c'qui vient d'm'arriver ? J'ai embouti ma voiture.

2. _____ Tiens, par exemple, si j'te dis « emboutie », qu'est-ce ça évoque pour toi ?

3. _____ Enfin, Raoul, dis quelque chose. C'est tout de même embêtant une voiture emboutie.

4. _____ Bon, ben c'est pas la guerre, c'est juste une voiture emboutie. Tu vas pas en faire un fromage !

5. _____ Bon, écoute, Raoul : la voiture, j'l'ai embouti. Y a rien à ajouter. Elle est emboutie et puis c'est tout.

6. _____ J'étais dans ma voiture et tout d'un coup « Paf » !

7. _____ *(Groupe de rock)* J'ai embouti la voiture.

8. _____ Elle est emboutie, voilà, complètement nase. T'as qu'à en acheter une autre.

B. VIRGIN MÉGASTORE

Vocabulaire clé

Noms

la cité	*city*
le culte	*cult, religion*
la déesse	*goddess*
l'euphorie *(f.)*	*inner joy, euphoria*
la fin de siècle	*turn of the century*
la misère	*poverty*
le transport	*rapture*

Verbes

faire de la place à	*to make room for*
faire des ravages	*to wreak havoc*
se perpétuer	*to remain, to survive*
souffrir de	*to suffer with, from*

Expressions

certains	*some people*
rien à voir	*nothing to see*

Notes:

1. This commercial is done as a parody of a **film muet** *(silent film)*. Its text is thus printed in special frames on the screen rather than spoken by the actors.

2. The business advertised in this commercial is **Virgin Mégastore,** a chain of large home-entertainment stores (music, books, videos). The language used is literary and very formal, creating a humorous contrast with the emotionalism of the silent films.

Activité de compréhension

Answer the following questions.

1. What examples do you see of **les ravages culturels** that the product line carried by **Virgin Mégastore** can remedy?

   _____

2. Why would a giant store choose a slogan such as **On ne fera jamais assez de place à la musique** ?

   _____

3. What is the location of the Paris store?

   _____

4. What are the hours of **Virgin**?

   _____

5. Is there anything that makes you think that this store is open every day?

   _____

Module 13
La santé
et le bonheur

Scènette 1   **Un mari malade**
Scènette 2   **Un petit bobo**
Mini-drame   **Une épidémie de grippe**
Publicité   **Alain Afflelou, opticien**

Anticipation

What do people often exclaim when they hurt themselves? What do you say to someone who is obviously in pain? When you have a fever, do you always call the doctor?

Vocabulaire clé

Noms

le bobo	*a boo-boo (child's language)*
le pansement	*bandage*

Adjectifs

brûlant(e)	*burning*
pris(e)	*busy*

Verbes

déranger	*to bother, to disturb*
saigner	*to bleed*

SCÈNETTE 1   UN MARI MALADE

Activité de visionnement

Observez ! *Watch the* **scènette** *once without sound. Look at the man and the woman in the scene. Are they married? Why is he rubbing his head? What do you think he is saying? What is she saying?*

Activité de compréhension

Watch the scene with sound. Then complete the following sentences.

1. L'homme crie : « _____ ma _____ ! »

2. Sa femme répond : « Qu'est-ce que _____ ? »

3. Elle pense appeler le _____ .

4. Son mari dit que ce n'est pas nécessaire pour une simple _____ .

SCÈNETTE 2 UN PETIT BOBO

Activité de compréhension

First listen to the entire segment. Then listen again and complete the following sentences.

La petite fille arrive en pleurant parce qu'elle est _____ . Ce n'est pas _____ .

Elle a seulement un petit _____ . La mère met un petit _____ parce que ça

_____ un peu.

MINI-DRAME UNE ÉPIDÉMIE DE GRIPPE

Anticipation

What are the characteristics of a hypochondriac?

Vocabulaire clé

Noms		**Verbes**	
la crise cardiaque	*heart attack*	atteindre	*to reach*
la nausée	*nausea*	enlever	*to take off*
la nuque	*neck*	parier	*to bet*
la tension	*blood pressure*	plaisanter	*to joke*

Adjectif		**Expressions**	
meurtrier(ière)	*deadly*	Qu'est-ce que tu racontes ?	*What are you talking about?*
		Tu ferais bien de…	*You should . . .*

Activité de visionnement

Observez ! *Watch the first two scenes without sound (to where Jean-Marie opens up the medicine cabinet). What made Jean-Marie suddenly stop watching TV and start looking through his medicine cabinet? What do you think he heard on television?*

Activités de compréhension

A. *Watch the entire scene with sound. Then fill in the following chart to check what you have understood. You may need to view the scene more than once.*

1. Il y a une épidémie de grippe dans

    _____ le Sud.

    _____ le Nord.

    _____ l'Est.

2. Il y a déjà _____ morts.

    _____ 200

    _____ 50

    _____ 100

3. Jean-Marie a peur

    _____ d'attraper la grippe.

    _____ d'aller chez le médecin.

    _____ pour son copain Marc.

4. Jean-Marie habite dans

    _____ le Nord.

    _____ le Sud.

    _____ l'Ouest.

5. Jean-Marie va _____chez le docteur.

    _____ rarement

    _____ souvent

    _____ jamais

6. Le docteur pense que Jean-Marie

    _____ est gravement malade.

    _____ s'imagine être malade.

    _____ a de la fièvre.

7. Le médecin l'ausculte et lui donne une ordonnance pour

    _____ des antibiotiques.

    _____ du sirop.

    _____ des calmants.

B. *Now answer the following questions as completely as possible.*

1. Pourquoi Jean-Marie s'examine-t-il dans le miroir ?

   _____

2. Comment montre-t-il qu'il n'est pas calme ?

   _____

3. Quels sont les symptômes qu'il recherche ?

   _____

4. Pourquoi son ami Marc n'est-il pas au travail ?

   _____

5. Pourquoi Jean-Marie devient-il tout pâle après avoir parlé à son ami Georges ?

   _____

6. Qu'est-ce que le docteur parie *(bets)* ? A-t-il raison ?

   _____

PUBLICITÉ   ALAIN AFFLELOU, OPTICIEN

Vocabulaire clé

Noms
la lentille	*lens*
la monture	*frame (eyeglasses)*

Expressions
à prix coûtant	*at cost*
pressé(e)	*in a hurry*

Activités de compréhension

A. *Watch the commercial all the way through with sound. At what point do you realize that this is an ad for an optician?*

B. *Can you match the people you see in the commercial with the types of eyes that are mentioned in their segment?*

Les gens	**Les yeux...**
_____ un homme et une femme	a. pressés
_____ une jeune femme à une réception	b. qui réfléchissent
_____ un homme à bicyclette	c. qui ont besoin de tendresse
_____ un homme et une femme âgés	d. qui comptent
	e. qui veulent être libres
	f. qui ont besoin d'attention
	g. qui calculent

C. *Check each item as you see it.*

Vous voyez des gens qui…

_____	rient *(laugh)*	_____	courent
_____	font une promenade	_____	ont un chien
_____	parlent	_____	s'embrassent
_____	se dépêchent	_____	s'amusent à une soirée

Module 14
La vie
sentimentale

Scènette 1 **Taxi !**
Scènette 2 **À la gare**
Mini-drame **Scène dans le train**
Publicité **Egoïste pour homme de Chanel**

Anticipation

When you are buying a train ticket, what questions does the ticket vendor ask?

Vocabulaire clé

Noms
la gare   *train station*
le guichet   *ticket counter*
la monnaie   *change*
le quai   *platform*
le TGV (Train à grande vitesse) *high-speed passenger train that travels up to 300 kilometers per hour*

SCÈNETTE 1   TAXI !

Activité de compréhension

Answer the following questions.

1. How much does the taxi ride cost? _____

2. What does the young girl say as she hands the bill to the taxi driver?

   _____

SCÈNETTE 2 À LA GARE

Activité de visionnement

Observez ! *Watch this scene first without sound. Check off the items you see in the video from the list below.*

_____ une valise

_____ une gare

_____ des bancs

_____ un guichet

_____ un train

_____ un carnet de chèques

_____ une salle d'attente

_____ un billet

_____ un ordinateur

Activité de compréhension

Now watch the video with sound and complete the following sentences.

1. La jeune femme qui cherche les guichets demande : « _____

    _____ ».

2. L'homme répond : « _____ ».

3. La jeune femme veut acheter un billet pour aller à _____.

4. Elle cherche un billet_____.

5. Elle voyage en _____ classe.

6. Le billet coûte _____ francs.

7. Le train arrivera à _____ heures au quai numéro _____.

MINI-DRAME   SCÈNE DANS LE TRAIN

Vocabulaire clé

Nom

le bruit   *noise*

Adjectifs

moyen(ne)   *average*
pressé(e)   *in a hurry*

Expressions

Il y a beaucoup de monde.   *It's crowded.*
Vous verrez.   *You'll see.*

Activité de visionnement

Observez ! *Watch the first part of the scene without sound, stopping the video when the heavyset man leaves the compartment. What does Marie think of the man who is trying to strike up a conversation with her? How is this indicated? What do you think is going to happen next? If you were going to strike up a conversation with someone on a trip, what would you talk about?*

Activités de compréhension

A. *Watch the entire video with sound and indicate whether each of the following statements is **vrai** or **faux**.*

	Vrai	Faux
1. La jeune fille va à Bordeaux.	_____	_____
2. La jeune fille voyage toute seule.	_____	_____
3. Le monsieur offre sa boisson à la jeune fille.	_____	_____
4. Le monsieur part parce que la jeune fille refuse de lui parler.	_____	_____
5. La jeune fille va rester un mois à Nantes.	_____	_____
6. C'est la première fois que la jeune fille va à Nantes.	_____	_____
7. Le jeune homme habite à Paris.	_____	_____
8. La jeune fille vient d'un petit village de Bretagne.	_____	_____
9. La jeune fille préfère les grandes villes.	_____	_____
10. Le jeune homme étudie la chimie.	_____	_____
11. La fiancée du jeune homme l'attend à la gare.	_____	_____

B. *Now replay the **mini-drame** and listen again to the discussion of the advantages and disadvantages of large and small towns. Check off who makes the following statements.*

	Marie	Éric
1. Il y a beaucoup de monde dans une grande ville.	_____	_____
2. Les petits villages sont calmes.	_____	_____
3. Il n'y a rien à faire dans un petit village.	_____	_____
4. Les gens sont trop pressés dans les villes.	_____	_____
5. Les gens sont très sympathiques dans la ville de Nantes.	_____	_____

B. ÉGOÏSTE POUR HOMME DE CHANEL

Vocabulaire clé

Noms

le courroux	*wrath*
le désespoir	*despair*
l'infamie (*f.*)	*infamy, vile abuse*

Adjectifs

implacable	*relentless, merciless*
misérable	*mean, contemptible*
trahi(e)	*betrayed*

Expressions

M'as-tu trahie ?	*Have you betrayed me?*
Montre-toi !	*Show yourself!*
Prends garde à mon courroux.	*Beware of my wrath.*

Note: This commercial is delivered in literary style. The tone is very dramatic and the delivery is reminiscent of classical French theater.

Activités de compréhension

View the video first without sound and answer the following questions.

1. What word do you think all the women are repeating? _____

2. Look at the apartment building. What are the women opening?

    a.   les portes
    b.   les portes-fenêtres
    c.   les volets

3. Now view the video with sound. Why do you think the women are angry?

    _____

    _____

Module 15
Il était
une fois…

Mini-drame   Mystère dans le métro
Publicité   Captain Choc

MINI-DRAME   MYSTÈRE DANS LE MÉTRO

Anticipation

Life in the city can be dangerous. List five precautions that can be taken to play it safe.

Vocabulaire clé

Noms		**Expressions**	
la bombe	*bomb*	à voix basse	*in a low voice*
le couloir de correspondance	*connecting tunnel*	au bout de	*after, at the end of*
le fric	*money (slang)*	ça marchait bien	*it was going well*
l'imperméable *(m.)*	*raincoat*	d'une drôle de façon	*in a strange way*
le type	*guy (slang)*	je n'arrivais pas à (+ inf.)	*I couldn't (wasn't able to) (+ inf.)*
le wagon	*metro car*	précipitamment	*precipitously*

Verbes	
faire du fric	*to make some money (slang)*
gêner	*to disturb, to upset*
glisser	*to slip*
tirer	*to pull*

Activités de visionnement

A. View the video and complete the following statements.

1. La jeune fille chantait dans

    a.   un wagon du métro.
    b.   une station de train.
    c.   un couloir de correspondance du métro.

2. Quand elle raconte l'histoire elle est

    a.   dans le métro.
    b.   dans un restaurant.
    c.   à la résidence universitaire.

B. *Watch the video again and number the events (1–10) in the order in which they occurred.*

Une jeune femme chantait dans le métro.

_____   Elle est descendue à la station suivante.

_____   Elle a pris le métro.

_____   Deux hommes sont entrés dans le wagon.

_____   La jeune femme avait peur de ce qui était dans le paquet.

_____   Les deux hommes se parlaient.

_____   Les deux hommes ont vite quitté le wagon.

_____   Elle a décidé de rentrer chez elle.

_____   Un des deux hommes s'est levé et a laissé un paquet derrière son siège.

_____   Elle a appelé la police.

_____   Elle était toute seule dans le wagon du métro.

Activité de compréhension

View the video again and check your comprehension by answering the following questions.

1. Pourquoi est-ce que la jeune fille chantait dans le métro ?

_____

2. Quelle heure était-il ?

_____

3. Qu'est-ce qui la gênait ?

_____

4. Pourquoi est-ce qu'elle a eu peur ?

_____

5. Qu'est-ce que la police a trouvé dans le sac de l'homme mystérieux ?

_____

6. Pourquoi est-ce qu'elle a ri avant de finir de raconter son histoire à son amie ?

_____

Un pas en avant

Listeners generally give feedback to a speaker to show that they are following and/or interested in what is being said. What strategies does Béatrice use to respond to Mandoline's story? Jot down two examples.

_____

_____

PUBLICITÉ CAPTAIN CHOC

Anticipation

An afternoon snack (un goûter) is popular with school children in France. Do you remember what your favorite after-school snacks were?

Vocabulaire clé

Noms

le capitaine	*captain*
la crique	*creek, cove*
le lingot aux fruits	*fruit bar*
le moussaillon	*ship's boy*
des pépites de chocolat	*chocolate chips*
le trésor	*treasure*

Verbe

mériter	*to deserve, to earn*

Expressions

Bienvenue !	*Welcome!*
Ventrebleu !	*Gadzooks!*

Activité de visionnement

Observez ! *Watch the commercial without sound and circle the answers to the questions below.*

1. Comment est le capitaine ?

féroce	rusé	riche
intimidant	méchant	intelligent
gentil	drôle	moche
effrayant *(frightening)*	généreux	courageux

2. Comment est son vaisseau *(vessel)* ?

en bonne condition	sûr	hanté
mystérieux	menaçant	beau

3. Quel est le trésor du pirate ?

des pièces d'or	des gâteaux
des bijoux	des lingots d'or

Activité de compréhension

Watch the video two or three times and check your comprehension by answering the following questions.

1. Quelle est la différence entre « Captain Fruy » et « Captain Choc » ?

    _____

2. Qu'est-ce qui rend le pirate moins effrayant ? Pourquoi est-ce important dans ce contexte ?

    _____

NOTES